内なる女性

—女性性に関する精神分析的小論—

著
ラファエル・E・ロペス - コルヴォ

監訳
井上果子

訳
飯野晴子　赤木里奈　山田一子

星　和　書　店

Seiwa Shoten Publishers

2-5 Kamitakaido 1-Chome
Suginamiku Tokyo 168-0074, Japan

The Woman Within
A Psychoanalytic Essay on Femininity

by

Rafael E. López-Corvo

Translated from English

by

Kako Inoue

Seiko Iino

Rina Akagi

Kazuko Yamada

謝辞

私の英語を理解しやすい言葉に根気よく直してくれたジョアン・マーフィー（Joan Murphy）、アレキサンダー（Alexander）、ヴァネッサ（Vanessa）に、そしてジョアンナ・ロペス（Joanna López）には特に感謝する。また、序文にすばらしい紹介を添えてくれた良き友人である詩人のファン・リスカーノ（Juan Liscano）にも深謝する。

序　文

女性たちを支持する予言

ラファエル・E・ロペス‐コルヴォ（Rafael E. López-Corvo）の熱意によって書かれているこの小論は、筋の通った心理学的な根拠に基づくだけでなく、その論を発展させ展望を示す際に、歴史上の女性の立場に関する文化的、存在論的見地を表してもいる。

著者は聖書の創世記の章をレビューするところから書き始めており、その中に、女性の出産する能力を奪ったり、女性と悪の象徴であるヘビとを結びつけたり、女性に楽園追放の責任を負わせようという願望が表されていると指摘している。彼はまた、神が男性であるということは、そのエピソードが男性によって企てられたものであると指摘している。しかし、これは非常に個人的な疑問から始まっているのだが、女性に対するこの陰謀は、彼女たち自身の同意の下で行われており、彼女たちの多くのコンプレックス、フラストレーション、制止および、最も意味深いことに彼女たちの「去勢衝動」を高めると同時に、女性という存在を完全に曲解させてきた。
観察や心理的連想が豊かなこの一節は、著者が言うところの「罪を犯したイヴ（Delinquent Eve）」に捧げられている。彼はイヴを三つの段階に区別している。一つ目は、罪業感（delinquency）と状況への順応を伴い、ある部分では保護され、ある部分では剥奪されている段階である。二つ目は、生物学や心理学が進歩したことにより女性が反逆を始める時であり、混乱した段階である。そして三つ目は、将来的なユートピアであり、電子的、科学的進歩の助けを得て女性が権利を取り戻す段階である。そして、ロペス‐コルヴォは、これまで決して存在することのなかった家母長制度が起こってくるであろうと若干のユーモアを交えて語っている。

この論文は概略にすぎないが、性愛的な感覚にあふれており（プシュケー[1]はエロス[2]を愛し、エロスもプシュケーを愛し、二人は永遠に愛し合った[3]）、見事な直観と連想に富み、元型や神話からではなく生物学と肉欲それ自体から得られた女性性についての器官に着目した見解を示している。というのも、インプリンティングには単なる行動という以上の影響力があるため、女性たちには連れ合いに対する決定的で固有の力が委ねられている[4]。しかし、女性たちが長年飼い慣らされ服従させられてきたことは、彼女たちにこの力を恐れさせ、自身を恐れるという結果をもたらした。本書で想起されている女性たちの一人を見れば、そこから滲み出ているマゾヒズムによって、女性たちが自身に向けられた陰謀を受け入れてきたことがわかる。

私は、女性であるということは正確にはどういうことを意味するのかについて、これまでになく考え始めた。私は我々自身の身体、つまり私自身の身体や自分の母親の身体や残りすべての人たちの身体について考えた。皆同じであり、皆穴がある。私は侵入者の情けを受ける穴の開いた存在として巨大な群れに属している。自分の穴を守る術は何もない。まぶたはなく、覆いもなく、口もなく、鼻腔部もなく、括約筋もない。それは私の意思には従わず、滑らかな組織に隠され、防衛する能力もない。我々の言葉で、女性の身体のこの特殊な部分を指す名称は、醜く、汚く、グロテスクであるか、またはテクニカルタームである。(Cardinal, 1975)

話す力を授かった女性のすばらしく感動的な告白の中で、「罪を犯したイヴ」は自身の言葉で自身について証明していった。

このように、ロペス - コルヴァは性器を通して男性と女性について熟考する。前者の性器は明らかで、外部にあり、即時的である。後者の性器はそれ自身の中に折り畳まれ、内部にあり、隠され、ほとんど想像上のものである。ロペス - コルヴァは女性に対して、自身のセクシャリティを考える際に偏見を排除するよう強く推し進めている。女性のセクシャリティは覆い隠されているということ以外は男性のそれと同等で、卵巣は睾丸《こうがん》であり、ヴァギナはペニスである。

この小論の魅力は、女性の生物学的で身体的な機能性を、セクシャリティの観点からだけでなく、女性に授けられた最も特別なギフトである母性の観点からも理解しようという意思があることである。さらに、衝動や子宮の対応物としてのアナリティー、排泄物の象徴性、また、先祖代々の女性性の制止、女性が身体内に生殖する力をもっているがゆえの、女性に対する男性の恐れを理解しようとしていることである。この力は、女性にインプリンティングの魔力と魅惑をもたらした。それは「人間の心の奥深く隅々まで刻み込まれた記憶」であり、異性である男性を女性の身体に抗しがたく引きつける力である。女性の身体はかつて男性がいたところであり、彼がそこから発生し、その後の養育期間中もつながっていたところである。このように、インプリンティングは誕生とともに生じる。ロペス‐コルヴォによれば、男性がインプリンティングの磁力に受身的に耐える一方で、女性はそれを当然のものとして引き受け、行使する。

このように、原始時代から現在まで、女性は、彼女たちと男性を区別する肉欲的、生物学的、心理的な力と闘ってきた。男性はこの力を恐怖と結びつけ、淫らで魔性のものとみなし、女性は家父長的で「マッチョな（macho）」過去の時代から従順にその解釈を受け入れてきた。

しかし、今日の女性はこの重荷を投げ捨て、職場で男性と同等になり、より自立しようとしている。しかしながら、この自由は、精神分析が強調してきた葛藤、ペニス羨望というよく知られたコンプレックスの脅威による混乱を引き起こす。つまり、女性はインプリンティングによって与えられた力を引き受けず、代わりに男性を模倣し、女性らしさの男性化と男性らしさの女性化という混乱を引き起こしている。我々は両性愛の時代に生きている。女性の男性化は女性に平等をもたらすだろうが、その代償としてしばしば女性は不感症になる。ロペス - コルヴォの直観は精確である。そしてこの洞察の才能は、的外れに思われるかもしれないが、彼の小論に際立った魅力を与えている。

読者は著者の理論に衝撃を感じる、あるいは彼の見方に激しく反対するかもしれない。しかし、ロペス - コルヴォの多くの断言に無関心でいることはできないであろう。彼は、歴史や社会における女性の役割を回復（vindicate）させようとし、女性が現在の混乱を越えることを後押しし、インプリンティングの力（これは男性の目には物欲しげに映る）を存分に生かし、女性自身のセクシャリティへの目覚めを通してだけではなく、主に思考の抽象化を通して内的な知性の豊かさに到達することによって、インプリンティングの力を越えるように推し進めている。

最後に、彼の考える復権された女性たちのユートピアにおいて、彼女たちを極致に到達させせるために、ロペス‐コルヴァは愛情を賛美し、明確化しながら熟慮し、次のように結論づけた。「愛情とは、他者を自身とは異なる対象として、また、所有することのできない完全な人間として認識することを意味する。真実の愛において、我々は、自律性やアイデンティティや個性を失うことなく分かち合う。我々は自由意思において、また、自身の行為の完全な所有者として分かち合う」。同様の観点から、明日のカップルは新しい時代に彼ら自身を映し出し、愛情と精神的な豊かさをもって互いに与え合い豊かにし合いながら、共に年をとっていくであろう。

ひとたび満たされれば、イヴは彼女自身の去勢衝動を克服するであろう。あるいは反対に、愚かな見せかけの誘惑の中で、彼女は救世主になり、そして、カップルの役目として、楽園に戻るであろう。この予言は、元型[5]（archetype）ではなく原型[6]（prototype）として理解されている神の回心を暗示する。種の安寧のために神は女性になるであろう。それはもちろん、男性の発明である戦争、今後は核戦争が我々の種を滅ぼさなければの話であるが。

フアン・リスカーノ

《訳注》

1　ギリシャ神話で、エロスに愛された美女。プシケともいう。

2　ギリシャ神話の愛の神。あらゆるものを結合する力を擬人化したもので、アフロディテの子とされることが多い。ローマ神話のキューピッドと同一視される。

3　アプレイウス（一二五頃―一八〇）がその極めて有名な著作で語っているように（※訳者注：呉茂一、国原吉之助・訳『黄金の驢馬』岩波書店、一九五六）、エロスはプシュケ（霊魂。※本著では「プシュケー」と表記）を愛していた。そのプシュケには二人の姉妹がいた。三人ともたいへんな美女だったが、わけても美しかったのがプシュケだった。あまりにも美しかったため、若者たちはおそれをなし、だれも夫になるものがないほどだった。そこで神託にうかがいを立てると、彼女を飾り立てて岩の上に置き去りにすれば、怪物がやってきて彼女と結婚するという。プシュケは神託に従い、全体が金と大理石からなる壮大な宮殿に連れてこられる。彼女はそこで王女のようにもてなされた。しかし、怪物らしきものはまだ姿を現さなかった。
夜がきて寝床についたプシュケは、まもなく近くに何者かがいる気配を感じる。それは彼女が恐れていた怪物の気配ではないようだった。その姿を見てはならなかったが、しかしこの何者かはあきらかに自分を見るよう求めていた。日が昇るまで、彼女は幸せだった。誘惑があまりにも強烈だったからである。彼女はランプを隠し、相手をみつめた。美しい若者、まさにエロスだった。だが、やがてエロスは姿を消し、棄てられたプシュケは、それ以来際限のない恋の苦しみにさいなまされるようになる。だが、エロスもまた彼女のことが忘れられず、ある日、寝ている彼女を抱いてオリュムポスに上り、ゼウスに彼女と結婚させてくれるよう求めるのだった。（フェルナン・コント・

著、蔵持不三也・訳『ラルース　世界の神々・神話百科―ヴィジュアル版』原書房、二〇〇六）

4 gravitational：他に「重力」「妊娠」という意味もある。

5 ユングによると、元型とは、こころの中に遺伝的に受け継がれ、それ自体は表象不可能で、表現形態を通してのみ明らかになる仮説的存在である。元型には、影、アニマ／アニムス、自己、太母などがあり、精神病者の妄想や幻覚を元型的イメージとし、ユングは治療に役立てた。生得的なこころの構造という考えは、精神分析学クライン派の中にも認められる。（小此木啓吾、北山修・編『精神分析事典』岩崎学術出版社、二〇〇二、参照）

6 物事のもとの型。自然哲学的な生物学において、生物の諸種の類群から抽象された、現存生物の根源となる型。

イントロダクション

本書が、不遜で礼節を心得ない思想や慣習のものであると考えられる可能性は充分にあるであろう。一方で、多くの人に女性と女性のもつ超越性を歴史的に擁護している本であると理解されることも確信している。私は今回、長年考えてきた「イヴ」の分類や、女性のマゾヒスティックな特徴や「キリン女」の基本概念について皆さんと共有する。その他の考えは後になって浮かんだもので、そのうちのいくつかは何度も惜しみなく時間を割いて自分たちの見解を話してくれた仲間たちと討論を楽しんだ土壇場のところで見出した。

これから私が紹介する主な論点は、人類がこれまで成し遂げ、また将来成し遂げるであろう重要な発達が、三つの主な根拠に基づくという発想である。それは、(a)生物学的な新発見、(b)マーシャル・マクルーハン[1]（Marshall McLuhan）が述べた、地球の電子工学的な収縮、そして(c)女性が自身を変化させる能力、つまり、男性ではなく、ある種の螺旋《らせん》的な進化の中で女性が突然変異し、男性の成長をも助けるというものである。結局女性は、我々が最も虚弱で、大きく影響を受けやすい時期に密着した対象なのである。

私は女性のこの進歩を、主な進化の三段階に従って示してきた。第一の段階は、人類のはじまりから女性の解放運動が始まった二十世紀までの時期を含む。私はこの段階を、創世記神話に描かれた女性を凝縮したものとして「罪を犯したイヴ」と名づけた。この段階の女性は、男性神に母性を剥奪され、悪魔と共謀したと非難を受け、永遠の失楽園の罪を負わされた。第二の段階は、現代女性が経験していると考えられ、私はそれを「混乱したイヴ（Confused Eve）」と名づけた。なぜなら、理想化された男性の一定の特徴を真似ることでアイデンティティを確立しようとする女性の欲求があらわれていると考えるからである。男性のその特徴とは、表面的な自由、政治力、財力、外性器などである。だからと言って、男性や女性自身を含んだ一般社会が、長い間女性に強いてきた差別を克服しようとしているフェミニストを批判するつもりはない。これらの運動、つまり男性を真似る欲求が引き起こされたのは、宿命的にそれが唯一可能な方法だったからである。私の目的は、先入観のない率直な態度で記述的に、フェミニストのスーザン・ファルーディ[2]（Susan Faludi）が言及した女性解放のバックラッシュ[3]を評価するある仮説を紹介することである。彼女は、女性が自分の権利を主張する際に、**混乱した**方法や、やや厄介な愛憎関係で男性を理想化したり、理想化した特徴を真似たりする間違った方向で、失敗を繰り返していると指摘している。未来への答えは、取り組みをあきらめず、方法を変えながら目的に立ち戻ることである。後ほど本書で検討するが、この「混乱したイヴ」の問題とは、女性が自身の女性性やアイデンティティの神秘性といった、より複雑でとらえにくいが本来もっている内面を探究するという正しい方向性ではなく、長年さらされてきた男性性の特徴である、外側にあり明瞭で理想化されたものに魅了された状態で答えを探し求める傾向のことである。この近視眼的な女性の「男根崇拝主義（phallotropism）」という目標や方向性の混乱が、これまでに起きたあらゆる女性解放運動で繰り返されるバックラッシュの理由であると私は思う。「女性の権利に対するバックラッシュは、アメリカの歴史において目新しいものではない」とスーザン・ファルーディは言う。「実際に、何度も繰り返し起きている現象であり、女性が平等に向かって何らかの前進を始めるたびによみがえる」（1991. p.46）。アン・ダグラス（Ann Douglas）も、「我々の文化における女性の権利の進歩は、他のタイプの『進歩』とは異なり、不思議なことにいつも可逆的である」（1977. p.199）と述べている。また、デール・スペンダー[4]（Dale Spender）は、「男性が受け継がれた伝統を足場にしながら発達的方向に前進する一方で、女性は遺失物取扱所（喪失と発見）のサイクルに閉じ込められている」と記述している（1983, p.4）。

　困ったことに人間には、いとも簡単に手に入る外的な刺激を求める傾向があり、誠実で注意深く時間をかけた内的な探求をおざなりにする。この外側に魅了される傾向は、表層的で上っ面のウィークエンドパッケージ心理学[5]という儲かる商売とおそらく因果をなしている。このウィークエンド心理学は、人間の無意識の未知なる深層に分け入って、苦心しながら探索することよりも、むしろ、純粋に真似たり、「かのような（as-if）」行動をとったりすることによって、永続的な人格構造の変容を導入する試みである。なぜなら、結局責任を負うよりも非難することのほうが楽だからである。この新しい見解について、ジョン・テイラー（John Taylor）は先頃「私を責めないで―新しい被害文化」という記事の中で言及していた。

これは奇妙な現象で、すべての信条、人種、収入、若者や老人、体の弱い人や頑強な人、罪人や無実の人といったことに関係なく、アメリカ人の中に高まっている強迫的な衝動であり、自身を犠牲者とみなし、自身の生活における誤ったこと、あるいは不完全なこと、あるいはただ単に不愉快であることを何でも、誰かや何かのせいにして非難しようとする……それは、人種差別や社会のフェミニスト批判の重要なテーマになっている。そして、被害者学という新しい学問分野を生み出した。（1991, p.28）

しかし、テイラーのいう被害文化は、合理主義の新たな形態ではなく、反対に創世記の時代に遡ることができる。

ヤハウェ神が言われるのに、「わたしがそれを食べてはいけないと命じておいた樹から君は食べたのか」。人は答えた、「**あなたがわたしの側《そば》にお与えになったあの女が樹から取ってくれたのでわたしは食べたのです**」。そこでヤハウェ神は女に言われる、「君は一体何ということをしたのだ」。女は、「**蛇がわたしをだましたのです。それで、わたしは食べたのです**」と答える。(6)（創世記三：一一―一三、筆者による強調）

異なる視点から、スーザン・ファルーディは次のように述べている。

女性の前進も後退も一般に軍隊の用語で語られる。戦いに勝利した、戦いに敗れた、敵地占拠、降伏といった具合に。……しかし、前線を挟み配備された二つの部隊の衝突を想像するとき、我々はもつれた本質、つまり、女性と彼女らを含む男文化の間の固着した状況の中での「戦争」であるということを見落としている。（1991, p.xx）

フェミニズム運動が「多くの女性から、彼女たちの喜びの一つである男性を事実上奪ってしまった」とモナ・カレン（Mona Charen）が不満を述べたことは理にかなっている（1984,

p.24)。たとえば、七〇年代に遡るとフェミニストのロビン・モーガン(7)(Robin Morgan)は、女性的な特性への中傷と男性の特質への同一化は、解放への一定の道のりであると感じていた。「私は化粧をしたり足の毛を剃ったりすることをやめて、空手を習い始め、信条を完全に変えた」と彼女は言った(1970, p.xvi)。

女性はすでに不満の種をまいており、折に触れて長年の不名誉に異議を申し立て、絶え間なく続く差別の圧力を受け入れることを拒んだ。しかし、たとえば共産主義のように重要な社会的変化が起きると、とたんに彼女たちは自身の内奥を見ずに、美化された男性的な魅力に導かれ、間違った方向に進む。まさに「罪を犯したイヴたち」は「マッチョ男」を到来させ、「混乱したイヴ」は直接的に「混乱した男」という今やどこにでもいる両性的世代の存在を招いている。たとえば、マドンナのような有名芸能人が性的な曖昧さを示したり、マイケル・ジャクソンのようなより拡散されたアイデンティティでは、実際自分は誰で、男か女か、黒人か白人か、もはやわからないほど、すべての混乱を縮図的に示す。とりわけ興味深いのは、女性の依存が、ハンドバッグをもつという普遍的な衝動行為によって示され、そのハンドバッグは、多くの人が考えてきたような彼女たち自身の子宮の象徴ではなく、有袋動物のような母親の子宮の象徴であり、そこに女性は母親を真似ていずれ大人になっていくという子ども時代の願いごとや夢や思い出を入れ、それを安全な貯蔵庫として無意識的に位置づけている。

かつてフェミニストであり現在は男性主義者である詩人のロバート・ブライ（Robert Bly）は、一九八二年に同僚のキース・トンプソン（Keith Thompson）との対話の中で、混乱した男性を「軟弱な男（soft male）」と述べた。

ブライ：現在、この国の至る所で「軟弱な男」と私なら提唱する現象が発生している。時折、講演会の来場者を眺めると、おそらく若い男性の半分は私が名づけた軟弱な……。

トンプソン：かつて六〇年代に、我々がいかにあるべきかを主導していた女性たちの活動を見て受けたメッセージは、新しく強い女性たちが求めているのは軟弱な男性たちだということだった。

ブライ：同感だね。いかにもそう感じたよ。（Bly, 1982）

そして、インタビューの後半で、ブライは次のように述べた。

私は紛れもなく事態はどんどん悪化する一方であると思う。男性たちはますます臆病になり、男らしさから遠ざかるであろう。男性たちはより女性的になるであろうし、女性た

ちはより男性的になろうとするであろう。それは良い見通しではない。（同書）

私はこの葛藤についての説明に賛成であり、ブライの記述はこの「混乱したイヴ」の時代の特徴をとても正確に描写していると思うが、私は提示されているような、困難な状態を打破するための手順や、男も女も双方が耐え抜いていると思われる混乱によって引き起こされている不快感をかき乱すための手順については、断固反対である。ブライと彼の仲間は、定期的にウィークエンド・マラソン心理学(8)と呼んでいるある種の自己啓発セミナーを行うことによって、多くの軟弱な男たちが内部にもっているであろう「野生的側面」を引き出し、フェミニストが「軟弱な男たち」という新たな世代に与えた「ダメージ」を修復しようとしている。ジャーナリストのジョン・テヴリン（John Tevlin）は、一九八八年にミネソタのマウンドで開催されたバイブル・キャンプ(9)のエンカウンタープログラムに参加した。この会合はブライの弟子の一人であるシェファード・ブリス（Shepherd Bliss）が主催しており、ジョンはそこで起こった体験についてウィットを交えて語っている。

シェファードが一日目の夜、「内なる野生的男性」の回復について話しながら、ゆっくりとひざをついた。そして、「皆さんの中には、一時的に二足歩行の世界から離れ私と一緒に四足歩行の世界に加わりたい人がいるでしょう」と言った。一人、また一人とオレンジのノーガハイド[10]のイスから、一九六〇年代を彷彿とさせるオレンジの羊毛のカーペットの上へとすべるように移動した。「皆さんは四つ足動物のようなふるまいを自分の中に見出すでしょう。たとえば大地をひっかいたり、泥に触ったり……」。シェファードがそう話すと、人々は大地を前足で叩き始めた。「皆さんは最も男らしい動物である雄羊のようなふるまいを自分の中に見出すことができるでしょう」。シェファードはなだめすかすような声で言った。「皆さんは自分の喉から聞き慣れない音が出ることに気がつくでしょう」。喉を鳴らす音、震えた声が響き、狼の鳴き声も混じった。シェファードが私に向かって来るのが視界の端に見えた。シェファードは頭を下げており、はげた部分を囲むふさふさとした白髪が見えた。それと同時に、私が背後にわずかな気配を感じ振り返ると、一人の男が私の尻をくんくんと嗅ぎ始めていた。彼は「ウーッ!」と唸った。(Tevlin, 1989)

女性たちが理想化された男性的特性を真似ても自分のアイデンティティを見つけることはできないのと同じように、男たちが動物を真似ても失われたマッチョな特徴を取り戻すことはできないであろう。**同一化**とは、成長し、確かな、内的、永続的変容を達成するために誰もが行使できる複雑な発達過程であり、猿のように真似るのではなく、人間だけが成し遂げられるメカニズムによって真の内的な変化をもたらすものである。しかしながら、絶望と混乱から、大衆はより安易な逃げ道を探そうとし、たとえ逃げたとしても、正しい方向に向かっているとは限らず、カエルのように頭を絶え間なく同じ壁にぶつけているのだろうと、私は理解する。

これから何十年、何百年先に、ひとたび女性たちがこれらのすさまじい困難を乗り越えたなら、女性たちは自身のアイデンティティという力をついに獲得することができるであろう。その時私は「無実を立証されたイヴ（Vindicated Eve）」と名づけた異なるタイプの女性が現れると思う。この問題は、いずれにせよ簡単なことではなく、長年の試行錯誤や絶え間ない努力を要し、必然的にバックラッシュも起きるであろう。

私がこれらの論評を書いていた時、一九六〇年代後半に作家のマーリン・ストーン[11]（Merlin Stone）が *When God was a Woman*（神が女性であった時）というタイトルの本を出版していたことを知った。最近出版された彼女の *The Goddess Re-Awakening*（女神の新たな目覚め）の序論を読み、私はマーリンと同じ方向へ心が動いている自分に気がついた。

私が一九六〇年代後半に本気で研究を行い *When God was a Woman* を書き始めた当初、私の目的はいかに女性たちについての社会的イメージが限定され、固定されているかを示すことであった。我々は、未だに聖書の概念や教令に基づいた役割を担っている。旧約、新約聖書の全編を通じて、イヴがアダムにりんごを食べさせたのだから、女性たちは男性たちの願望に従うべきだと述べられている。男が女たちを支配するべきだという考えは、全くの無神論者であっても、その心に深く埋め込まれている。何世紀にもわたって、この態度は一般的な社会的見解に完全に吸収されてきたので、ほとんどの人々はそのようなジェンダーの階層化が単に生来のジェンダーの基本型であるように思っていた。(1989, p.2)

私はここで述べられていることの多くに賛成だが、作者が、女性はかつて重要な特権や地位をもっていたが、知らないうちに失い、その栄光を取り戻そうとしており、それは女性がかつて神であったが、現在はもはや神ではなく、しかし再び「目覚めようと」しているからであるという、過去を理想化する傾向には異議を唱える。リアンヌ・アイスラー[12](Riane Eisler)は、「私たちがそのような(女性たちの)未来を築いていくためには、我々の信念体系と人生の両方において長い間否定され、地位を降格され、従属させられてきた女性の原理を正当な地位へと回復させることが必要である」(1989, p.27)と述べた。私は過去に答えを見つけようとすることは、男性たちを真似ることで答えを見つけようとする事態と同程度に、あるいはそれ以上に悲しいことだと切に思う。「混乱したイヴ」は二つの思いの狭間に閉じ込められたままのようにみえる。一つは、全く存在しない理想化された過去への憧れと悲哀であり、もう一つは、手に入れることができない理想化された男特性への失望と怒りである。過去は常によいわけではなく、そしてまた隣の芝生は常に青いわけではない。歴史は円をなすものではなく、螺《ら》旋《せん》状であるかもしれないが、決して円ではないため、我々は過去に答えを見出すことはできない。未来は前にあり、そして未知である。今日という時間は現在であり、しかし明日になれば過去になるだろう。なぜなら我々は常に歴史を製造しているからである。

しかし、*The Goddess Re-Awakening* の著者たちは重要な進言をしようとしていると思う。それは「普遍的な女性の原理」の存在である。マーリン・ストーンは、「女性の原理の概念が心理学、哲学、精神性の理論の基本的な前提として使用され続け、大勢の人々の考えに影響を与えている限り、我々はこの概念について、長年の懸案事項である考察が今こそ必要であると感じる」と述べている（1989, p.5）。

私は男性の原理が存在するのと同様、**普遍的な女性の原理**が存在すると考える。しかし、依然として男女の差異は残っており、創造の最早期から、男性についてはすでにすべてが言及されており、明らかにされていないものは何もないが、それに対して女性には未だに見出されず語られていない物語がある。そのような女性原理には、**インプリンティング**の決定的強制力が引き起こす罪悪感、および解剖学的に隠されたセクシャリティの明らかな混乱とあわせて、インプリンティングの社会生物学的な力が関連している。この小論では、前述の女性の原理を定義し、自己解明へと向かう女性の道をふさぐ障壁を見極め、同様に、おそらく遠い未来の女性たちを定義するような、自身に適したアイデンティティや特異性、真正さを最終的に見出すために女性がとるべき本当の道を考察したい。それが「無実を立証されたイヴ」である。

《訳注》

1　一九一一―一九八〇。カナダ出身の英文学者、文明批評家。一九五〇年代以降、メディア論を展開、メディアを中心とした独自の文明論で、一時期日本を含め、世界的に有名になった。マクルーハンは人間の感覚機能の外部的拡張を可能にするすべての人工物をメディアととらえ、いまや人間の中枢神経組織までがコンピュータというメディアによって拡大・強化されると論じた。（加藤周一・編『世界大百科事典　改訂新版』平凡社、二〇〇七）

2　一九五九―。ハーバード大学を卒業した女性ジャーナリスト。『ウォール・ストリート・ジャーナル』等で記事を発表している。大手スーパーマーケットのルポルタージュでピュリッツァー賞を獲得している。主な著作は『バックラッシュ―逆襲される女たち』（伊藤由紀子・加藤真樹子・訳、新潮社、一九九四）。

3　Backlash：スーザン・ファルーディが『バックラッシュ―逆襲される女たち』（Backlash: The Undeclared War Against American Women, 1992）で、主にメディアによる一九八〇年代、九〇年代のフェミニズムへの反動を提示することで、一般化された反フェミニズムの概念。（リサ・タトル・著、渡辺和子・監訳『フェミニズム事典　新版』明石書店、一九九八）

4　一九四三—。オーストラリア人。作家。一九八〇年代に代表的なフェミニズム理論を提示した。主要な理論は、男性はこれまで言語や教育などあらゆる分野の知識を支配することで権力を保持してきたために、知識の支配がフェミニズムの闘いにおいて最も重要な課題となるということである。著作は『ことばは男が支配する—言語と性差』（れいのるず・秋葉かつえ・訳、勁草書房、一九八七）他多数ある。（リサ・タトル・著、渡辺和子・監訳、前掲書）

5　weekend-package psychology：著者の造語。北米でしばしば行われている、行動療法者が週末に数名を集めて行う、行動変容を目的としたエクササイズを指す。これは「パッケージ」のように事前に作られた心理学であり、すべてのことは週末の間に解決可能であるかのように、長期の精神療法は不要であると人々を納得させようとするものであるという。

6　関根正雄・訳『旧約聖書　創世記』岩波文庫、一九五六。

7　一九四一—。アメリカの作家。活動家、理論家、詩人、レポーターとして、女性解放運動の初めから最も目立った一人。米国の女性解放運動の代表者であると同時に、国際フェミニズム運動でも活躍している。（リサ・タトル・著、渡辺和子・監訳、前掲書）

8　weekend marathon psychology：前述の weekend-package psychology（訳注5参照）と同じことを意味する著者の造語。

9　キリスト教団体が主催する青少年向けのキャンプのこと。

10　一九六〇年代に、アメリカのユナイテッド・ステイト・ラバー・カンパニー（現・ユニロイヤル）社が売り出した人工皮革のブランド名の一つ。ビニール素材でＰＶＣ（ポリ塩化ビニル）が塗布されている。

11　一九三一―二〇一一。アメリカの作家、彫刻家、美学美術史学博士。

12　一九三七―。オーストリア生まれのアメリカ人作家、社会活動家。

もくじ

謝辞 iii
序文 女性たちを支持する予言 v
イントロダクション xiii
第1章 イヴの共謀……1
第2章 イヴの三つの段階……10
第3章 防衛としてのアンチテーゼ……23
第4章 インプリンティング……29
第5章 女性の身体がもつ力……48
第6章 「キリン女」またはラテンアメリカの「混乱したイヴ」……58
第7章 フロイディアンの女性……68
第8章 一孔仮説……84

第9章　基底的な損傷……91
第10章　肛門空間、子宮空間……101
第11章　魔　力……111
第12章　錬金術……132
第13章　トーテムとタブー：男性の神から女性の神へ……142
第14章　女性性……152
第15章　混乱したイヴ……164
第16章　アダム……175
第17章　無実を立証されたイヴ……183
第18章　インプリンティングを越えて……188

文献　207
監訳者あとがき　211
索引　227

第1章 イヴの共謀

神はアダムという全生物の主を創ったが、
イヴはすべてを台無しにした。
マルティン・ルター(1)

この小論の中心的なテーマは、人類の太古の時代に犯された罪に関する真実の究明についてである。その考えは、創世記神話を入念に検討した末に私がたどりついたものである。創世記神話は、アダムとイヴという、我々がみな知っている古代の歴史であり、共通した記述がユダヤ教とキリスト教の両方にあるが、話自体はすでにシュメール文明期に現れていた。

アダムとイヴの神話に描かれている主題は、女性に対する猛烈な攻撃を表していると私は考える。男性である神は、はじめに男を創り、それから女を生み出すために彼を眠らせた。その行為は明らかに母性の表象を歪曲して再現している。このようにして生み出されたイヴは、悪魔的誘惑の罪を犯す者として、無実の男性に罪を犯させ、最後には、男性をエデンの園から永遠に引きずり出すのである。創世記神話が、女性に自身の否定的なイメージを植えつけていることに疑いの余地はない。第一に、神は男性であることが決定されており、第二に、「この神」が女性を生み出すために最初に男性を創るという笑止千万な行為は、女性だけが受胎能力をもっているにもかかわらず、女性からその生物学的な実体を奪っている。潔白なアダムをそそのかし彼に原罪を犯させたのは女性に他ならないという理由で、ついに悪魔的な役割は女性の特性とされた。別の時代の女性たち、つまりイヴの子孫たちは、そのような神話への不満を抱いたり、反論したりして真実を問うことをしなかった。逆に、彼女たちはこれまでも今も、男性たちより信仰心が厚く、剥奪と非難という二重の攻撃をおとなしく受け入れている。

我々が論じようとしているのは、神や創造主が女性に誘発してきた根深く超越的な**マゾヒズム**が、全世紀の歴史を通して女性を特徴づけているということの事実究明である。女性たちは、神が男性であるという意向も、出産における生物学的正当性の喪失も、「罪を犯した」身分も受け入れてきた。宿命的で受身的であり内分泌的でもあるマゾヒスティックな役割に黙って従い、選択の余地もそれらから逃げる術もなかったのである。

有名なフランスの精神分析家であるジャニーヌ・シャスゲ - スミルゲル(2)（Janine Chasseguet-Smirgel）は、女性患者グループとの経験を紹介している。その患者たちには、深刻な危険性をもつ男性と付き合う傾向があるという共通した心理的特徴があり、彼らは彼女らの命を脅かす病的な犯罪者であった。その論文でシャスゲ - スミルゲル博士は、女性患者たちが受身的でナイーブなふるまいで、自身が結局犠牲になるような危険で打算的な男性の手中に身を置くという、女性のマゾヒズムに関する古い論議を再び取り上げている。その論文が充分に満足のいくものでなかった点は、女性を愚かな群れと示し、知性を欠いているためにサディスティックな犯罪者の支配下に容易に抑えこまれていると論じたところにある[1]。

その答えに私がたどりついたのは、おそらく少し後になってから、前述の論文に記述されたものとよく似た特徴をもつ女性患者の分析をしている時であった。イタリア系の、三十歳でとても魅力的だが少し太った金髪のメアリーは、不眠、食欲不振や集中困難を含むいくつかの抑うつ的な特徴をもち、加えて深刻なヘロイン依存のために来談していた。当時彼女は、モントリオールのナイトクラブで、ダンサー兼歌手として働いていた。二カ月前にそれまで六カ月間一緒に暮らした男に刺されていた。傷が治ると彼女は深刻な抑うつ症状を呈し、その症状とはイライラや倦怠感、反復的な希死念慮と生きる意欲の減退であった。このような出来事は初めてではなく、その二年前には、日常的に彼女に身体的虐待を加えていた別のボーイフレンドが、彼女の友達の一人を絞め殺し、有罪刑にされていた。シャスゲ - スミルゲル博士の論文と同様、彼女の治療のある時期に、私はマゾヒズムのテーマを支持した。避けがたいマゾヒズムは、彼女の継続的な処罰の欲求や、命を脅かす状況に自身を置きたがる強迫衝動に対する唯一の説明であった。

治療開始後八カ月目に現れた夢は、予期しなかった状態を表し、彼女の見かけ上のマゾヒズムを理解する手がかりを明らかにした。彼女は鏡で自分を見ていた。はっきりしないが、おそらく男性と思われる誰かが彼女の後ろにいて、銃を撃った。弾は彼女をわずかにかすめ鏡を粉々に壊した。この夢に対する彼女の連想は、その男が本当は彼女ではなく、鏡の中に映し出された彼女の母親のイメージを撃ったということであり、母親への未解決の対抗心を明らかにした。しばしば自殺者にみられることだが、彼女が壊したかったのは他の誰かであり、自身の内から母親の内的表象を消し去りたかったのである。夢が表現したのは、彼女自身の身体と母親の身体との精神病的な混同だけでなく、犯罪的な攻撃性で母親殺しができる、すなわち彼女の母親を殺してくれる男を求める強迫的な欲求でもあった。

その後にたどりついた別の観点は、彼女が自分を傷つけるような男たち[II]との交際を求めるというごく単純でマゾヒスティックな願望をもつだけでなく、むしろ、積極的かつ無意識的に潜在的な犯罪者を探していたということであった。男性は誘惑されて彼女に手を貸し、気づかないうちに罪を犯すのである。また、彼女の見かけ上のマゾヒズムは、異なる観点からも見受けられた。それは、他の研究者たちが明らかにしたような単なる遺伝的な特徴、つまり本質的で生物学的な処罰への内的欲求だけではなく、彼女が**犠牲者**というよりむしろ**攻撃者**であると自身を直視するのを避けるための心理的防衛であった。押しつけられ植えつけられたマゾヒズムは受け入れやすく、それは無意識に確立された母親の内的表象への破壊願望をカモフラージュするために仕組まれた仮面である。その破壊願望が表向きには自己処罰と自己破壊の欲求として現れたのである。彼女の夢の中で鏡に映ったイメージは、母親の化身（phantom）を表しており、この化身は、内的に組み込まれ、取り囲まれて、羨望のみならず、怒りによる破壊衝動を誘発する異質の身体として体験された。男は誘惑された単なる共犯者にすぎず、彼女のほうが能動的な誘惑者であり、自分の罪の目的と所在を自己愛的にぼやけさせて、都合よく自己処罰していたのである。

その後、創世記の物語もおそらく同様の共謀を引き起こしたという結論に私は至った。女性たちに対して破壊的な行動を起こす男性たちの真の共犯者は女性たち自身である。彼女たちは、共謀を受け入れることで、恐れて抑圧しながらも、**未だ覆い隠された**別の願望をもっている。ここで一つの疑問が湧く。メアリーのケースのように、マゾヒスティックな犠牲者を装い誘惑的な力を隠している女性には、どのような普遍的条件がこの服従的降伏に隠されているのであろうか。マゾヒズムは、女性の本質的、普遍的心理の特徴ではなく、最終的な条件でもない。それは防衛であり、隠された力の存在を覆い隠す目隠しである。その力はあまりにも強大なため、すべての女性は長年無抵抗に服従し、先祖代々沈黙することでそれを秘密にしてきたのであろう。

羨望を感じた男性神が、女性たちから母性と尊厳の両方を奪ったのかもしれないということにはかなり信憑性がある。しかし、理解しがたいのは、女性たちの見かけ上の依存的で柔順な共犯的関与が、自分たちに対する陰謀を成立させているということである。男性神は、女性から出産という天賦の才能を奪い、女性には原罪の原因があり、地上の楽園の喪失に責任があると非難した。受身的に降伏することで、メアリーの事例のように、**恐ろしい力**を隠しているかもしれないという**猛烈な恐怖**を封印していると思われる。「あなたの何が自慢かを私に話しなさい。そうすれば、あなたの何が欠けているかを私は話します」というのは、古いスペインのことわざである。

聖書における「罪」についてのさらなる探求は、私の仮説を後押しした。実際に女性は、自然に生まれもった力強く万能的な特性を内包しており、それは生物学的無意識の最も深い核に宿っている。この特性は女性たちに、あまりにも大きな支配力を与えるため、女性がその存在を想像したり、うすうす感じたりするだけで、事実を反転させ、女性の特性と矛盾するような態度が誘発されるのである。見せかけのマゾヒズムの背後に、女性は生まれもったパワーへの恐怖を隠すのである。

この混乱への答えは生物学の領域から得られた。コンラート・ローレンツ[3]（Konrad Lorenz）は著名なオーストリアの動物行動学者であるが、彼によって行われた有名なインプリンティング[4]（**Prägung**）の実験に手がかりがあると私は考えた。この種の実験は人間を題材にして行われたことはないが、自然界の発達的スケールの極にいる人類もまた同じ**宿命的な変動**にさらされているという考えに反論はない。それどころか、インプリンティングの現象は、昆虫を含むすべての生物に存在することが近年になって証明されている。しかし私は、このことを次章以降でより詳細に議論する。すべての女性たちは決定的な影響を与えるインプリンティングの力をもち、この力への恐怖は行動化への誘惑を生み、この誘惑だけでさえも罪悪感を誘発すること、そして何よりも、これらが女性たちにしばしばみられる**表面的な服従やマゾヒズム**と関連することを考察していく。一方、この長年にわたる論争は、女性の特徴だけではなく、女性性の真実のプロフィールや女性の行動や野心も同様に明らかにしていった。この取り組みはまた、女性の本当のアイデンティティ、つまり「普遍的な女性の原理」を求める女性の欲求を反映しているように私は思う。そしてそれは、真正で透明で二重性のない女性の心の深淵として明らかになるであろう。

私は、女性の歴史的な発展について少なくとも三つの異なった段階を考えてきた。これらの段階は、世界に多くの社会的な相違があるため、文化的に衡平ではない結果と推測されるかもしれない。しかしながら、もし我々の西洋文化のみを考慮するならば、女性は現在「罪を犯したイヴ」と私が呼んだ第一の段階と、二番目の「混乱したイヴ」の段階との間に生きていると言えるであろう。そして、おそらく今から長い年月の末に来るであろう第三段階を、私は「無実を立証されたイヴ」と呼ぶ。

《原注》

I *On Women's Masochism* (Montreal Psychoanalytic Society, July 1983) を参照。

II その状況は、有名な一九七七年の映画「ミスター・グッドバーを探して」の中でよく描かれていた。

《訳注》

1 一四八三―一五四六。ドイツの宗教改革者。一五一七年、教皇庁による免罪符発行を批判する「九十五か条の意見書」によって教皇から破門されたが、これが宗教改革運動の発端となった。ザクセン選帝侯の保護下に完成したドイツ語訳聖書は、ドイツ語史上重要とされる。聖書に基づく信仰のみを説く福音主義に立ち、すべての信仰者は等しく祭司であるとする万人祭司思想を主張した。著作は『キリスト者の自由』など。（松村明・監修『デジタル大辞泉』小学館、二〇一〇）

2　一九二八―二〇〇六。パリ生まれ。パリ大学政治学部卒業後、ソルボンヌで心理学を修めた。非医者の女性分析者。（B・グランベルジュ、J・シャスゲ‐スミルゲル・著、岸田秀・訳『「異議申し立て」の精神分析』南想社、一九八五）

3　一九〇三―一九八九。オーストリアの動物学者。父親は高名な外科医。ウィーン大学で比較解剖学、動物学、カント哲学を学ぶ。一九四〇年よりケーニヒスベルクのアルベルトゥス大学心理学教授。第二次世界大戦に軍医として従軍し、ソ連軍捕虜となるが、四八年に帰国。六一年から七三年までマックス・プランク行動生理学研究所長をつとめる。一九三〇年代より魚類、鳥類を主とした動物の行動の研究を行い、刷り込み（インプリンティング）、リリーサーなどの概念を提唱し、動物行動学（エソロジー）という領域を開拓した。これに対して七三年にK・von・フリッシュ、N・ティンバーゲンとともにノーベル生理学・医学賞が与えられた。（加藤周一・編『世界大百科事典　改訂新版』平凡社、二〇〇七）

4　「刷り込み」ともいう。

第2章 イヴの三つの段階

天は女性を我々の奴隷にするつもりであった……女性は我々の所有物であり、その逆ではない。実をつける樹が園芸愛好家の所有物であるのと同様に、女性は我々の所有物である。女性のための平等を求めるなんて、なんと狂った考えだ！（略）女性は子どもを生む器械以外の何物でもない。

ナポレオン・ボナパルト

つい最近まで、外科医たちは、今日我々が誰でも手に入れられるあらゆる技術的な設備に頼ることができなかった。たとえば、麻酔として使われるクロロホルムは、小さなマスクを使って顔に直接塗布されていた。これは、一八五三年にヴィクトリア女王が八番目の子であるレオポルド王子を出産する際にジョン・スノウ博士（Dr. John Snow）が行った方法で、今も「**女王の麻酔**（anaesthésie à la reine）」として知られている。一八四七年にエディンバラのジェームズ・シンプソン（James Simpson）がそれを初めて使って以来、その試みは止められていた。なぜなら創世記三：一六の「**あなたは苦しんで子を生まなければならない**」[1]（筆者による強調）という記述を根拠として教会に非難されていたからである。ところが結局、シンプソンと彼の信奉者は、聖書は正しいけれども、神がイヴを創る際にアダムを眠らせてから彼の肋骨を取ったこともまた真実であると主張し、反対者を説き伏せた。[2] しかし、私がここで例として挙げたような入念な論争に近いものはほとんど行われていない。それどころか、我々が歴史的に多く目の当たりにしてきた論争では、たとえば、女性から母性を奪い悪魔と共謀していると断言するなど、同じ創世記においてこれまで女性に対してなされてきた不当な行為が擁護されてきた。そしてまた、これまでどの平信徒も神学者も、ジェームズ・シンプソンのようなウィットで女性に母性の生物学的な権利を取り戻させたり、原罪の責任から解放させたりして女性を守ることはしなかった。

たとえば、ローマ帝国時代、女性はすべての権利を完全に奪われていた。私が思いつく唯一の重要な責任は、ウェスタ[3]の巫女たちのものである。彼女たちは、聖火の炎を常に保つために、

（男性の）高官の司祭の見張りの下で生活するよう行動を制限されていた。聖火を消してしまうことは死をもって罰せられることであった。ウェスタの巫女たちの聖堂がコンスタンティヌス王によって破壊されたことで、その後彼女たちによって女子修道会と修道女の種がまかれたが、それと同様に、ローマ皇帝の力によってローマ法王の権力が維持されることとなった。回心に応じた最初の重要な異教徒たちは、ローマ貴族の妻や母親たちであった。なぜなら、歴史上初めて、地上に実在した女性が純潔の女神である聖母マリア、キリストの母親として崇められる地位に昇進した事実によって、彼女たちは簡単に説得されたからである。他の女神たちは、単に創造的な精神で作り出されたものであり、いっさい存在しないと考えられていた。

ヨーロッパだけでも、魔女狩りの時代の女性に対する迫害は一三〇〇年頃から一八〇〇年頃まで続いた。その結果、何万人もの女性が教会を破門され、投獄され、拷問を受け、何年も船のオールに鎖でつながれ、さらに焼身刑か絞首刑といった死刑判決が頻繁に下された。処刑は何千人、そして（おそらく誇張されているが）何百万人とも推定されている（Hutton, 1999; Behringer, 2004）。「魔女（witch）」という言葉は古典英語の wicca（男らしい［masculine］）と wicce（女らしい［feminine］）に由来し、おそらく「知性（wisdom）」と「知識（knowledge）」に関係している。そのため、男性は当時「賢い女性」のように見える存在を恐れており、おそらく今も恐れていると考えられる。これもまた、女性に対する男性の羨望と畏怖によるものだったのであろうか？　しかし、特に何に対する羨望と恐怖だったのであろうか？　魔女は「ほうきに乗る」女性であるという一般的な表象がこの謎についての手がかりを与えてくれる。数週間前、私は三歳の孫息子を訪ねた。それは彼の妹が生まれて三カ月後のことだった。彼が丸裸でいるのを見た私に、娘は、本人が朝服を着るのを拒否したからだ、と彼の行動を正当化した。彼がペニスを引っ張りながら私に挨拶するので、自分がペニスをもっているということを私に見せたいの？　と聞くと、彼はうなずいて肯定する。そこで私が、「君だけがそれをもっていると思っているの？」と聞くと、彼は「ううん」と答えた。「妹には？」と聞くと「ない」とにこやかに笑って彼は答えた。「お母さんには？」「ない」「おばあちゃんには？」「ない」「私には？」「ない」「パパには？」「ある」と彼は笑って答えた。まだ一般化できる状態に到達していないため、彼は自身の視覚的な観察だけを頼りとしていた。つまりペニスの存在は明らかにジェンダーとは関係していなかった。フロイト（Sigmund Freud）は、一八〇〇年代の終わりに「去勢不安」の問題について言及した。その中で、ペニスのない女の子の外見に脅かされると、男の子は、成人男性も同様だが、そのような気づきを否認するという手段に訴え、「男根的女性」(4)という無意識のファンタジーを作り出す可能性があると述べている。中世から男性が焼き払おうとしていたのは女性そのものではなく、彼ら自身の内に潜む男根的女性の恐ろしいファンタジーだったのである。幸運なことに、今やその名残りはハロウィン[5]の「お菓子をくれないといたずらするぞ」(trick or treat) だけである。

ユダヤ教やイスラム教などの宗教も、その信条の中で同じように女性を格下げしている。私がしばしば思うのは、すべての宗教は「男根至上主義的」だということである。この格下げの規模の大きさから、この普遍的共謀には**男女両者が平等に加担してきた**という疑いがもたれる。この女性のパラダイムは極度に従順でマゾヒスティックであり、古代史にも数多くみられ、残念なことに地球上の多くの文化を未だに規定している。私はこれを「罪を犯したイヴ」と名づけた。

一方、幾年もの歴史が過ぎ去っても、女性は長年置かれてきた屈辱的な立場への疑問を認めずにきた。古いアラビアのことわざには、「女性の意見より落葉の方が音をたてる」とある。創世記の女性より八千年進んだ今日の女性は、それまで決して自身の内では得られなかったアイデンティティを、男性の理想化されたイメージの中に見出そうとしている。長年の支配は、女性の中に劣等感、去勢のイメージ、手に入らない理想化された男根像への羨望を作り出してきた。今日の女性は、これまでとは違い、失われたアイデンティティを取り戻すため正当性と平等を粘り強く追求している。**女性は、男性の内部、ましてや男性の力、支配、コントロールやペニスの中ではなく、自身の内に、また、彼女の絶対的な本質の最も内側にある神秘的な核の内に独自性や全体性を見出そうとしているのである。**一九七〇年代に遡ると、フェミニストのロビン・モーガンは、「私は化粧をしたり足の毛を剃ったりすることをやめ、空手を習い始め、自身の信条を完全に変えた」と述べている（1970, p.xvi）。一方、最近では、モナ・カレンが、「フェミニズムは……引き換えに……ほとんどの女性が幸福の拠りどころにしていた一つのもの、すなわち男性を私たちから事実上奪った」と述べている（1984, p.24）。

シモーヌ・ド・ボーヴォワール(6)は、女性が自身の自己感を求めるにあたって多くのインクが費やされたと言う。世界中の多くの都市で何千ものパンフレットやポスターが広場や公園を占め、「女性解放」運動が常に行われてきた。女性は男性に盗まれたと信じているアイデンティティの返還を要求している。女性は、この失われ、欠如したアイデンティティを男性に気づかせようと抗議するために男性と競おうとしているが、その背景には混乱があるため、私は女性の発展におけるこの段階を「混乱したイヴ」と定義した。

女性が生物学的に与えられた驚くほどすばらしいパワーを完全に統制下におき、自身に責任を負い、罪悪感を抱いたり混乱したりせずに自身のアイデンティティを最終的に我がものとするまでには、まだまだ長く険しい人類の歴史を経なければならない。スーザン・ファルーディのつい最近の発言によれば、これまで女性解放運動においてはしばしばバックラッシュが繰り返されてきた。

十九世紀半ばの「女性運動」は、一八四八年のセネカ・フォールズ[7]での女性の権利大会に始まり、誰もがよく知っている通り、エリザベス・ケイディ・スタントン[8]（Elizabeth Cady Stanton）とスーザン・B・アンソニー[9]（Susan B. Anthony）によって明確にされた。そこでは、選挙権やその他数々の権利、すなわち教育、仕事、結婚や財産の権利、「自発的な母性」、健康状態や服装の改善が強く求められた。しかし、この十九世紀末に、公平性を求める女性のアピールは文化的な反動によって粉々に砕かれた。女性は、今日とほぼ同様に、アイビーリーグ[10]の学者、宗教のリーダー、医学の専門家、マスコミの評論家といった当時の著名な顔ぶれに警告の嵐を受け、彼らの発言に添うところまで後退した。

（1991, p.48）

新しい形の自由や、権力組織の数々の圧制から脱する方法を見つけようとする女性の持続的な試みは、これまで探求と失敗を繰り返してきた。この螺旋《らせん》状の動きは、**目的ではなく手段が間違っている**と女性が理解する時まで続くであろう。

歴史や時代を通して、男性は具象的な男性性を失う恐れを絶えず吟味しなければならないという愕然とするような欲求を未だかつて隠したことがなく、戦争につぐ戦争を起こし、歴史の迷宮をおびただしい血で染めてきた。女性が戦争を始めたことは一度もない。ブラジルの迷路のようなジャングルや古代ギリシャ半島の狭い小道を走り抜けた美しいアマゾン族[11]についての物語は、男性のファンタジーであり、現実よりも自慰的で、一人よがり以外の何ものでもない。もちろん現実とは、現代の権力を巧みな手腕によって絶えず誇示する男性、あるいは男性を模倣する女性が、己の強さを誇示することと、残りの我々を傍観者に仕立てて完全に無視することである。傍観者は、死を射精する巨大なペニスのような恐ろしい金属ロケットの発射やそれまでの戦争の勝利を祝うパレードを自慢げに見せつけられ、苦しめられるであろう。パレードは、まるで自身の男性器の大きさを比べている思春期の男子のように、お互いに印象づけたり恐れを抱かせたりすることだけを目的とする。戦争は常に男性が独断で作り上げたものである。

女性が失われたアイデンティティをひとたび獲得すれば、いつの日か啓発的で永続的な平和の恒常的な源泉になるであろうと推測するのは考えが甘いと思う人もいるかもしれない。人類を失った楽園に戻すことができる、この来るべき未来の想像上のイヴを、私は「無実を立証されたイヴ」と呼ぶ[1]。

この本は、イヴの三つの段階の連続的な変貌と関連づけながら、ギャップを埋めたり、多くの疑問に答えたりしようとするものである。前述した創世記のパラダイムである「罪を犯したイヴ」は、自身への誹謗中傷を作り出すために男性とともに陰謀を企てる女性を表している。女性が自分の信用を落とすことに加担しているという事実はどのように理解したらいいであろうか？　どんな秘密の協定が女性を自主的な協力に導いているのであろうか？　彼女の魂の根底には、恐ろしい罪を犯した結果としてやむことのない罪悪感の種があり、女性を苦悶させ悔恨の念で充満させているのであろうか？　もしそうだとしたら、そのようなマゾヒズムの源として説明可能な女性の罪とはどういうものか？　さらに、女性が何らかの主張をしようとする時、なぜ男性との競争や比較の中に答えを求めようとするのであろうか？　なぜ女性は自身の深部で精査せず、「男性がもつ鏡」に映して理解しようとするのであろうか？　言い換えれば、なぜ女性は自身の覆い隠されたセクシャリティの謎を理解しようとせず、外面的な容姿の魅力や男らしい男根像、自身を去勢されたものとする見方に屈するのであろうか？

《原注》

I　特にこの種類のイヴの呼称を選ぶ際、私は「復権された（restituted）」と「無実を立証された（vindicated）」とで迷い、結局後者に決めた。

《訳注》

1　創世記第三章一一―一六節：ヤハウェ神が言われるのに、「誰が一体君が裸だということを君に知らせたのだ。わたしがそれを食べてはいけないと命じておいた樹から君は食べたのか」。人は答えた、あなたがわたしの側にお与えになったあの女が樹から取ってくれたのでわたしは食べたのです」。そこでヤハウェ神は女に言われる、「君は一体何ということをしたのだ」。女は、「蛇がわたしをだましたのです。それでわたしは食べたのです」と答える。ヤハウェ神は蛇に向かって言われた、「お前はこんなことをしたからには、他のすべての家畜や野の獣よりも呪われる。お前は一生の間腹ばいになって歩き、塵を食わねばならない。わたしはお前と女の間、お前の子孫と女の子孫の間に敵対関係をおく。彼はお前の頭《かしら》を踏み砕き、お前は彼の踵《かかと》に食い下る」。さらに女に言われた、「わたしは君の苦痛と欲求を大いに増し加える。君は子を生むとき苦しまねばならない。そして君は夫を渇望し、しかも彼は君の支配者だ」。(関根正雄・訳『旧約聖書　創世記』岩波文庫、一九五六)

2　創世記第二章二一—二五節：そこでヤハウェ神は深い眠りをその人に下した。彼が眠りに落ちた時、ヤハウェ神はその肋骨《あばらぼね》の一つを取って、その場所を肉でふさいだ。ヤハウェ神は人から取った肋骨を一人の女に造り上げ、彼女をその人の所へ連れてこられた。その時、人は叫んだ、「ついにこれこそわが骨から取られた骨、わが肉から取られた肉だ。これに女という名をつけよう、このものは男から取られたのだから」。それゆえ男はその父母を離れて、妻に結びつき、一つの肉となるのである。人とその妻とは二人とも裸で、たがいに羞《は》じなかった。(関根正雄・訳、前掲書)

3　古代ローマのかまどの女神。その神殿には神像はなく、かわりに国家の永続性を象徴する聖火が燃え、ウェスタリス（Vestalis）と呼ばれる女祭司（当初は二人、のちに六人）がこれを見守った。彼女たちは六～十歳の少女の志願者たちの中から大神官によって選抜され、最初の十年は見習い、次の十年は司祭職の執行、最後の十年は新参者の教育と、計三十年を女神に捧げた。その間、もし純潔を失うようなことがあれば、生埋めにされる定めであった。（加藤周一・編『世界大百科事典　改訂新版』平凡社、二〇〇七、参照）

4　①自己の外側にペニスをもち、ペニスあるいはそれに準ずる能力や属性等をそなえた女性像。②男性または父親のペニスを自己の内部に保持している女性像。（小此木啓吾、北山修・編『精神分析事典』岩崎学術出版社、二〇〇二）

5　その起源は古代ケルト民族が秋から冬への移行に祝った異教の祭儀にあり、All Hallowsとも呼ばれた。死者が生き続ける世界の存在を信じていたケルト民族は、死者との交流を通して新しい生命力の回復を願った。これは日本のお盆に通じるものがある。ケルト民族がキリスト教化された後もこの習慣が万聖節（カトリック教会では「諸聖人の祝日」と呼ぶ）に吸収され、その前夜祭として残った。キリスト教の土着化、もしくはインカルチュレーションの一例と評価することができる。（大貫隆・他編『岩波キリスト教辞典』岩波書店、二〇〇二）

6　一九〇八―一九八六。歴史、芸術、精神分析学、生物学、神話、文学、実存主義的哲学を探って、いかに男性が一貫して人間としての女性の権利を否定し続け、自分たちと正反対の「女」と呼ばれる人為的な構造物を創ってきたかを明らかにしている。（リサ・タトル・著、渡辺和子・監訳『フェミニズム事典　新版』明石書店、一九九八）

7　米国のニューヨーク州にあるフェミニズム発祥の地とされている町。この町で一八四八年七月十九

日と二十日に最初の女性権利大会が開催された。（リサ・タトル・著、渡辺和子・監訳、前掲書）

8 一八一五―一九〇二。世界奴隷制反対大会への参加を女性であることを理由に拒否されたことで、奴隷だけでなく女性も解放されるべきだとの認識を強くした。一八四八年、セネカ・フォールズにて、女性の社会的、市民的、宗教的状況と女性の権利について討論する集会を開いた。この動きが他の州へと広がり、米国の女性運動が始まった。（リサ・タトル・著、渡辺和子・監訳、前掲書）

9 一八二〇―一九〇六。常に最も広く尊敬されてきた米国のフェミニスト。生き方の手本としてだけでなく、「失敗はありえない！」というスローガンは、死後も長く女性たちを激励し続けた。アンソニーは、禁酒や奴隷制廃止運動を通じて女権運動に関わるようになり、彼女の仕事の大半はエリザベス・ケイディ・スタントンと共同で成し遂げられた。一八八〇年代には国際的な女性運動という考えにひかれるようになり、一八八八年に国際女性評議会を結成。一九〇四年、ベルリンで開催された国際女性評議会の議長となり、キャリー・チャップマン・キャットとともに国際女性参政権同盟を設立した。（リサ・タトル・著、渡辺和子・監訳、前掲書、参照）

10 アメリカ合衆国東部にある八校の私立大学群をいい、ブラウン、コロンビア、コーネル、ダートマス、ハーバード、ペンシルベニア、プリンストン、イェールの諸大学から成る。いずれも入学資格は厳格で、学問的水準も高く、社会的にも威信が認められているところから、一般にエリート教育とか名門大学と同義に用いられ、所属する学生の能力やファッションを象徴するものとなった。（加藤周一・編、前掲書）

11

①ギリシャ神話。女武者のみからなる部族で、男は殺すか不具とした。弓を引く邪魔になる右の乳房を切り落としたという。②南米のアマゾン族。女子戦士からなるとされる伝説部族。

第3章 防衛としてのアンチテーゼ

あなたの何が自慢かを私に話しなさい。
そうすれば、あなたの何が欠けているかを私は話します。
（ことわざ）

心理学や臨床精神医学の分野において、症状が全く正反対の隠れた葛藤を表していることはよくあることである。想像上の「細菌」によって汚染されることに恐怖を感じているある患者は、自分の手を裂傷するほど繰り返しよく洗う。その一方で、この患者は家で洋服を洗うことにより、さらに汚染されることを極端に心配し、少なくとも十カ月前から自分の寝具や下着を洗わないことに決めている。エレベーターに恐怖を抱くもう一人の患者は、スカイダイビング中の曲芸飛行の実演によって、命の危険にさらされることは気にならないようである。精神医学や精神分析において、この矛盾した行動は「反動形成」として知られている。実際の行動は無意識的に抑圧された考えに反動的、もしくは完全に反対であるからである。そしてそれはおそらく上記の「あなたの何が自慢かを私に話しなさい。そうすれば、あなたの何が欠けているかを私は話します」という格言に要約されている。

創世記の時代から、男性たちは生物学的決定論を正反対に変え、母性を女性たちから奪って男性たちに与えてきた。さらに女性を悪魔と結びつけて誹謗中傷してきた。そうまでして、男性たちは一体女性たちの何をそこまで恐れているのであろうか？ 誰も女性の母親としての優越性を否定することはできない。書き言葉が作られた時代以降、無数の形容詞が女性の多様な特性を記述するために用いられてきた。たとえば「母校（Alma Mater）」[1]「祖国（Mother Country）」「母国（Mother Land）」「母なる自然（Mother Nature）」などがある。そこにはまた、心理的、生物学的な他の無意識的動機が存在する。この無意識的動機は、男性たちが女性たちの何をそこまで恐れているのかを理解することに役立つ。そしてそれは、男性たちに事実を混乱させるよう仕向ける。男性たちが何度も試みたにもかかわらず、何も生み出せなかったため、女性のもっている、生命を誕生させ、創造する能力を男性たちが羨望したということであろうか？　明らかに、男性たちではなく女性たちが実際の生殖者として「神によって選ばれた」。創世記の時代の男性たちが、その無知さゆえにいかなる説明も考え出すことができず、羨望により男性たちがとても賛美する生命を生み出す性質を女性たちから奪うことに決めたことは、想像するにたやすいことである。古代エジプトの象形文字では、**witness**（証言）という言葉は男の生殖器官で表象されていた。ラテン語では、**testis**（睾丸）という言葉はwitness（証言）とtesticles（睾丸）と両方を意味していた。そして、同様の語源が英単語の**testify**（証言する）と**testimony**（宣誓書）にもみられる。双方に関係があるとはいえ、少なくとも二つの異なる説明が考えられるだろう。男性は信頼性を証言することのできる唯一の存在としてみなされているが、女性は証言する権限を有するに値しないという説明および、**男性たちは自身が女性たちの新しい生命を生み出す能力の証人にすぎないことを悟っている**という説明である。[1]

神、そして創世記がつくられた時代の男性性を構築した男性たちは、羨望のパワーに誘導されて女性たちの価値を反転させるために動いたのであろう。それは、広大な空間に直面することで、エレベーターへの恐れとして現れた高所恐怖に挑んだ患者や、自身の手に細菌がついたと思い込んで必死に洗い流すと同時に、汚れた服の中で細菌を増殖させる女性患者と、似ていなくはない。男性たちは女性たちに何世紀にもわたってこの闘争的パワーを行使し続けてきたが、それは、男性たちが生殖に直接関与することは絶対不可欠であることが科学的に明らかにされた後でさえも続いた。それゆえになおいっそうの探索が求められ、羨望欲求からの行動化による説明とは異なる説明が求められている。その上、万能的な脅威として男性たちにおぞましく感じられる女性たちから発せられる強烈な付加的要因が存在するはずである。それは、女性たちと競争し、女性たちを罵ろうとする男性の欲求を無意識的に引き出す。

いずれにせよ、私は女性たちが担ってきた役割を考慮せずに、男性たちが誇示してきた、女性たちに対するあらゆる風潮を単にレビューしたにすぎない。女性たちは明らかなマゾヒズム、受身的姿勢を示し、そして、自身の自由にそむいて普遍的に共謀し、妥協した従犯者として関与を厭《いと》わなかった。男性は途方もなく蔓延《まんえん》した不安に揺り動かされ、その「反動形成」として、女性たちから生得的な真価を剥奪し、実際には女性たちに偉大な力があるという潜在意識を反転させるように誘導してきたのである。しかし、男性たちが最も深い中核部分で一番恐れていることは、女性たちが独断的にその力を意のままにすることによって、男性たちが望まない流れに歴史を変えることである。その間、女性たちは同じ不安のために、同じような方法で、服従という名の共謀により男性たちを助け、すべての力と支配を男性たちに与えるようにふるまうと同時に、弱く依存的なだけではなく、誘惑を用いて邪悪を導くことのできる危険な悪魔のようにみせている。

フランスの作家であるマリー・カーディナル(2)(Marie Cardinal)は、すべての女性の内部に強く脈打つ、身体的、精神的な欠陥という感覚を、女性的なウィットと説得力のある言い伝えで解説した。

私は、女性であるということは正確にはどういうことを意味するのかについて、これまでになく考え始めた。私は我々自身の身体、つまり私自身の身体や自分の母親の身体や残りすべての人たちの身体について考えた。皆同じであり、皆穴がある。私は侵入者の情けを受ける穴の開いた存在として巨大な群れに属している。自分の穴を守る術は何もない。まぶたはなく、覆いもなく、口もなく、鼻腔部もなく、括約筋もない。それは私の意思には従わず、滑らかな組織に隠され、防衛する能力もない。我々の言葉で、女の身体のこの特殊な部分を指す名称は、醜く、汚く、グロテスクであるか、またはテクニカルタームである。(1975)

《原注》

1 Couvade は孵化を意味するフランス語で、古代より知られる、父親のある習慣を指した言葉である。その習慣とは、子どもが生まれるときに、父親が自分のベッドに入り、自分の妻と全く同じように出産の痛みに苦しみ、食事制限を続ける、ないしは分娩における女性のように行動するものである。「それは極端な形態である」とブリタニカ百科事典にあり、「母親は出産するやいなや、しばしば出産と同じ日に仕事に戻り、父親に仕える。かくして、男女の役割は入れかわる」とある。男子産褥ともいう。

《訳注》

1　ラテン語では alma は「魂」、mater は「母」を意味する。

2　一九二九―二〇〇一。アルジェリア生まれ（出生当時はフランス領）の作家、翻訳家、女優。主な著作に、*Les Mots pour le dire*（1975）、*Les Grands Désordres*（1987）がある。

第4章

インプリンティング

かつて年老いた男が言った
誰がそこでいつまでも陽気でいられるか
いつか発見する時
奇妙な欠陥により
謎めいた法則により
皇子は王の支配下になり
そしてどのような場合にも
我々は乳房のほうにひきつけられる
くびきでつながれた二十頭の去勢牛よりも

スペインの歌

一九三〇年代初頭、前世紀末より研究を続けてきたドイツの動物行動学者であるコンラート・ローレンツは、極めて優れた観察法を考案し、鳥の社会的習性についての仮説を提示した。カナダのガチョウのヒナの研究で、ローレンツは、たとえ短い時間であっても、発達のある時期に母親ガチョウを形や大きさに関係なく無作為に選んだものと取り替えると、ヒナがそのものへ強い愛着を発達させることを発見した。彼は、フットボールや古い靴といった異種さまざまな品物を試し、すべてのケースでガチョウのヒナは青年期に到達した時、生後まもなく数時間だけ接触したという事実にもかかわらず、あたかも自身の母親のように、古い靴やフットボールの後を追いかけることを常に好んだ。このような短い間に受けた印象が強烈であるということは、この現象がただの社会的学習ではないことを示している。この永続し、消えることのない特性を鑑みると、この記憶は、それまで認識されていなかった体験と考えられ、社会化とは異なり、ローレンツはその現象を **Prägung**（刻印＝インプリンティング）と名づけた。(1)

この行動は永続的な刻印の存在を意味する。それは、生涯にわたりガチョウに影響し、自分の本当の母親の代わりに、古い靴のような、異種もしくは束の間の対象の動きを追うという奇妙な行動を余儀なくさせる。さらにローレンツは最初の発見以降、昆虫から最も複雑な哺乳類まで、対象を多種に拡大し、実験の成果を残した。そして発達のある特定の段階で、それらが本当の母親に代わり、任意に選ばれた対象を追いかける可能性が常にあることを示した。ローレンツは自身も代理の母親として実験に加わり、ついにはさまざまな鳥の親となった。最近になって、アメリカの鳥類学者はあひるに小さなラジコン飛行機をインプリンティングする独自のアイディアを思いついた。そして飛行機の両方の翼に取りつけたカメラで、飛んでいる鳥を撮影した。実験は大成功であった。スローモーションで飛ぶ鳥の姿を観察することはとてもすばらしく、航空機を設計するために、飛んでいる鳥を裸眼で描こうと死に物狂いで奮闘した気の毒なレオナルド・ダ・ヴィンチ(2)について私は考えずにはいられなかった。

言うまでもなく、この種の実験を人間で行うことはできない。しかし、我々が動物界の他の動物たちと同じように反応するであろうということは疑いの余地がない。結局、我々人間は神に選ばれ、唯一の寵愛を受けた生き物だというかつての考えは、ダーウィン(3)によって覆された。もし、我々が他の動物と同じように反応した場合、我々は男でも女でも同じように、母親の若い時の体型の記憶に愛着を形成する。イギリスの精神分析家であるジョン・ボウルビイ(4)(John Bowlby)は次のように述べている。

多くの研究はこの結論を支持しており、反駁《はんばく》する論はない。……現在までに得られた結果に基づいて、次のような結論を下すことができる。他の哺乳類や鳥類と同じように、人間の赤ちゃんが示す愛着行動の発達においても、特定の人物に関心が向くので、広い意味で人間もインプリンティングを行っている。さもなければ、人間の場合と他の動物との間に、完全に正当性を欠くギャップが発生することになる。(5)(1969, p.223)

人間の心の最も深いところに刻み込まれたこの刻印によって行使される力とは、同類の男たちに対して女性たちが発揮する決定的な力のことである。こうした見解はこの小論の中心的テーマであり、私の知る限り、今まであまり吟味されてこなかった女性たちに対する新たな観点を提示する。以降の章で、私はインプリンティングの概念を用いて決定的な力の存在を立証するつもりである。すべての女性たちは経験的にその力に感づいているが、それ以上に恐れてもいる。おそらく、この力はあまりにも脅威に満ちているので、女性たちは、たとえばマゾヒスティックな二次的役割を好み、これまで人類を繁栄させるために果たした決定的な役割を認めることで生じる不安を、今も、これまでも、隠してきた。それは全く驚くべきことではなく、たとえば、芸術家は男女ともに、最初のトレーニングとして若い女性たちの美しい裸体を描いたり、彫刻にしたりする。

ホモセクシャルでない限り、一般的に男性たちが女性たちの身体に明らかに引きつけられる理由を理解する際に、インプリンティングの概念が役立つ。インプリンティングという見えない糸のような力で、男性たちは自身の最も深い幼児的魂の核に埋め込まれた、宿命的な欲望がかきたてられる女性たちに引きつけられる。一方、女性たちも同様の起点を共有しているのなら、女性たちはなぜ、女性たちの身体ではなく、男性たちの身体の方を好むという異なる反応を示すのかについて、我々はどう理解すればいいのであろうか。女性たちも決定論的力に対して同じように反応すべきであると期待することは極めて論理的である。

「同一化」の現象はもともとフロイトによって導入された。フロイトはインプリンティングについては何も知らなかったが、同じような疑問を抱き、同一化（取って代わる、同じようになる、など）と「対象選択」（相手に近づく、相手を欲するなど）の概念を区別した。ここでの「対象」とはあらゆる物や人を指す。言い換えると、男の子や女の子は、欲望の「対象」を異性の中から選ぶため、最初に母親や父親の立場に立ち、女の子たちは母親に同一化した後に男性からの愛を希求し、男の子たちの場合はこの逆となる。

インプリンティングの力は、地球の重力と似ている。重力はあらゆるものが引力により大地から簡単にはがれないように引き止める。これに並行した事象に表れている力動の理解を促すために、子どもの心理機制が、特に年齢や発達段階が上がるにつれて、どのような変遷を辿るかについてまずは述べようと思う。

生後八カ月の頃、子どもの心は鏡に似ており、目の前に現れた対象だけを映す。映されたイメージは不正確で記憶されないため、視界から対象が消えるとすぐに映されたイメージの概念も消失する。八カ月以降、心はカメラのように作動し、映された対象は**エングラム**(6)（記憶の単位）に保存されるようになる。そうすると子どもは「知っている」と「知らない」、また、見慣れているかそうでないかを区別することができるようになり、フランスの精神分析家、ルネ・スピッツ(7)（René A. Spitz）（1950）が記述した「見知らぬ人への不安（anxiety to strangers）」という現象が生じる。これは見知らぬ人を前にすると赤ちゃんは泣き、その人から離れようと母親の腕の方に向きを変えるという、しばしば観察される反応のことである。この特定の発達段階では、外的対象が次第に記憶に保存されるようになり、簡単に想起できるようになるだけではなく、それらを名づけるために言語が必要になる。年齢が上がると、最終的に心はビデオカメラのように働き、心的過程の動きが加わり、時間を継続的に捉えることができるようになり、今、この瞬間を超えて未来へと自身を投影することが可能になる。

心がカメラのような働きをし、外的対象の記憶痕跡が保持される第二段階の時期、子どもは母親とは異なる他者として父親の存在も認識する。この認識は子どもが母親‐子どもという二項関係を越え、母親‐父親‐子どもという心的三者関係へと向かうことを促す。父親は徐々に自身のモデリングによって子どもを引きつける力を発揮し、次第に母親と子どもの共生関係を断裂させ、母親の重力を中和し、積極的に影響力をもつことによって、インプリンティングの力を抑えるであろう。

母親には生物学的性質が備わっているため、我が子の初期の本能的欲求を満足させる準備ができている。それと同時に父親は母親と子どもの間に介在し、「規律」と禁止を教える。母親の満足させようとする態度とインプリンティングの力、父親の父性的規律と引きつける力の相互作用が、子どもの出生後数年の主な心理的ドラマとなる。このような力動を達成するには、両親双方の意見の一致が必須である。そうでない場合、複数の複雑化した病理が現れるであろう。そのような組織化の生成には、文化的、生物学的な多くの要素が直接的に影響するであろう。

たとえば、北欧文化において、天候は決定的な要因となる。現代の生活に比べて快適に暮らせるためのものが存在しなかった大昔はなおのこと、厳しい冬を生き抜くためには、家族のメンバーはあらゆる危険に耐えるための努力を結集しなければならなかった。そのためには、協調性をもって団結し働き続けることが必要であった。食物や燃料の貯蔵といった夏の間の準備は、家族の仕事であり、両親の間に重大な不和や、決裂、もしくは離婚が発生した場合、どの家族にとっても生命を脅かしかねない状況になりえた。そもそも、husband という言葉の語源は、家の結束である。[1] 北欧文化の人たちがなぜ、赤道付近の人たちよりも宗教的戒律が厳しく、不貞傾向が低いかにはさまざまな原因が挙げられるが、特に天候が挙げられる。赤道付近の人たちにとって天候は脅威ではない。北欧文化において、もし、夫がインプリンティングの力に反応して、より若い女性の性的魅力に屈し、自身の家族を捨てたならば、その家族が冬を生き延びられるかどうかはとても危うくなる（昔は今よりこれが顕著であった）。時々、「宗教的伝道者」という姿で社会的防衛が発生する。彼らは幻覚をもつほど狂信的であり、肉体が殉死することを褒め称え、悪魔のような姿の女性たちに象徴される罪深く危険なものについて道徳的に説く。

季節が二つしかなく、太陽が降り注ぎ、穏やかで快い天候の赤道付近の国々では、家族は別の論理に基づいて構成されている。女性たちは大抵父親によって支配されており、独裁的な夫の要望に、「罪を犯したイヴ」のように苦もなく服従する。その夫はマッチョタイプの雄々しいふるまいによってアイデンティティを再確認することがしばしば必要である。口げんか、仲たがい、他の女性の出現、不貞な行動といった両親のいざこざは、家族の生存への大きな脅威にはならない。この国々の自然環境は、豊かで、生き生きとして、心地良いので、特別に一致団結する必要はない。しかし、この天候の恩恵は、他の複雑な状況をもたらす。将来設計の欠如、無政府状態、思いつきの無責任なふるまいがみられ、そして下層階級の家庭では、異なった父親から生まれた大勢の子どもが放置されている[II]。

ラテンアメリカ文化においては、典型的な母親は、かつて父親を恐れていたときのように夫に恐れを抱く、もう一人の娘のようである。彼女は、目の前に夫がいる時は支えるが、夫が背を向けるやいなや子どもと共謀して夫を裏切る。アングロサクソン文化ではこれと異なり、生命を脅かす冬に対抗するため、大抵両親には暗黙の協定がある。ラテンアメリカ文化では気候がとても穏やかであり、母親と子どもたちの父親に対する分裂や葛藤が、違法・犯罪行為や汚職の土台をつくる。つまり、「父親が目の前にいる時は服従し、いない時は服従しない」ということである。

ここで同一化に関する元々の疑問に戻ることにする。皆、インプリンティングの法則に従って、欲望の対象である母親を選択するはずだが、女性たちは父親を好むという事実をどう説明できるだろうか。これはある種の真実を含んでいる。しばしばみられることだが、女性同士が密着することは男性同士が密着するよりは非難されることが少ない。女性同士は、同じベッドで一緒に寝たり、手をつないだり、もしくは公共の場においてお互いを抱きしめたとしてもホモセクシャルと疑われることはない。公共のトイレで、男性たちは決して話をしない。彼らはお互い見ないようにさえしている。私はかつて、各男性用小便器の前に視線の高さにあわせて広告を設置すれば物がよく売れるだろうと考えたことがある。互いに見ないように気を遣っているため、男性たちは何度も何度も広告を読まざるをえないと感じるであろう。女性の化粧室の状況はおそらくこれとはかなり異なっている。そこでは、ホモセクシャルだと疑われる不安がないため、女性たちは会話を楽しみ、リラックスしている。女性たちより男性たちのホモセクシャルの方が精神科医に支援を求めることが多い。女性たちの場合は、しばしば他の女性たちの見た目、服の着こなし、美しさや若々しさをかなり意識している。

しばしば父親は男の子にとってライバルであり、女の子に対しては良い意味で誘惑的である。こういった息子と父親とのライバル関係は、それを恐れて母親との重力的な共生関係に戻るのではなく、むしろ息子が父親を同一化し、模倣ができるほどに充分バランスがとられなければならない。フロイトはこの状況をふまえ、大抵女の子は男の子の二倍のケアを受けると考えた。女の子は、自分を生んだ母親からケアを受け、父親からもケアを受ける。父親は大抵男の子より女の子の方に多く愛情をかけ、競争的な感情をもつことも少ない。こういうわけで、表層的には逆の形で現れるとしても、女性たちは一般的に主に孤独に耐え抜く能力があるという点で、男性たちよりも心理的に健全なのである。このことについては、ギリシャやイタリアの映画、また、統計学者や保険会社も把握している。なぜなら、未亡人の方が寡夫よりも多いからである。女性たちは、孤独や孤立や身体的痛みの恐怖に耐えなければならない事態で、男性たちよりも平然としていられる。女性の多くは、伴侶よりも長生きし、男性一般より遥かに長寿傾向にある[III]。

父親に同一化するプロセスによって、男の子は徐々に父親の立場に立ち、そこから母親をみる。後に、象徴的な置き換えを通して、他の女性をみる。それは母親のように見える他の誰かであって、母親ではない。一方、女性は母親との同一化を保ち、そこから父親の愛を希求し、ここでもまた象徴的な置き換えによって他の男性を希求する。**男性はインプリンティングされた母親を他の女性に置き換えて求めるが、女性は彼女たちの母親が愛した男性を、他の男性の中に見出し、愛する。**この傾向は表面的な理解にすぎない。ほとんどのセラピストは、無意識の奥では、**男性も女性もみな母親と結びついている**ことを知っているからである。

女性の内にはインプリンティングがすでに刻み込まれているので、他の女性の内にこれを求める必要はない。**女性たち自身がインプリンティングなのである。**女性たちはインプリンティングを行使し、同一化によって母親の立場に立つ必要があるだけである。女性たちは、かつて幼児期に切望し両親が提供してくれた保護に比べより良くより強い保護を、男性たちの身体的強さや知的能力によって今度は彼らが叶えてくれるよう要求しているだけではない。彼女たちはそれとは対照的に、好奇心により愛する欲求を満たそうとし、異なるもしくは異質なものへの欲求や挿入の恍惚的快楽の欲求を満たそうとする。なぜなら、**それをしないことよりもすることの方が簡単だからである。**[IV]

通常男は、自分の父親のようになる権利をもっていること（実際に父親に**なる**わけではなく、彼が父親になった**かのように感じる**だけであるが）、そして象徴的な置き換えによって母親とは異なった他の女性たちを愛することができるということに精神的な安心感を抱くはずである。

女も同じように、母親の仮想の立場に立つために、母親と全く同じ権利があると感じるはずである。そこから、女性は置き換えによって父親とは異なった他の男性を誘惑するためにインプリンティングの力を発揮する。

両親の仮想的位置を占めることは、いくぶん複雑な現象を引き起こす。何年もの間原因不明の理由で妊娠できなかった既婚女性たちが、養子をもらうと決めた途端、妊娠する事例を私はしばしば目にしている。これらのケースでは、母性的機能に対する強烈な心理的禁止が働いていることは明らかであろう。そして、母となる女性が自分はすでに女性として成熟しており、危険な問題もなく子どもの世話をすることができ、自分も生む権利をもっていることを確信し、実感するやいなや、この拘束がとれる。結局、妊娠という特権は彼女の母親だけのものではなくなった。私は児童虐待する母親たちに同じ状況をみてきた。このような母親たちは、子どもを生んだことを悔やんでいた。なぜなら彼女たちは、自身の父親に対する幼児的な近親姦的願望から赤ちゃんが生まれたと信じ、無意識的罪悪感に怯えていたからである。赤ちゃんは「犯した罪」の生きたしるしであり、母親は自分の行いを取り消すことも、問題を取り除くこともできないため、子どもを「抹消する」方向へと走る。

現代において女性たちは毎日自由を楽しんでいる。今日若い女性たちは、避妊薬のピルや器具を活用し、実家から離れ一人暮らしをし、性的関係などにより開放的である。しかし矛盾するようだが、クリトリスを刺激することによってしかオルガスムに達することができず、挿入するだけでは達することができない不感症の女性たちの割合が増加している。それはあたかも自由が増すと、恐怖も増すかのようである。このように新しい性の自由が増すからといって付随する不安から必ずしも解放されるわけではない。この不安は女性たちが存分に相手に身をゆだね、オルガスムを得ることを禁止する。結婚という従来の方法で家を離れた人々とは異なり、彼女たちは法的な婚姻関係を結び、民事的な権威者、あるいは聖職者や両親といった権威者に快く受け入れられて夫にあてがわれるまで、親戚や友人の社会的是認を享受できない。そうしてようやく神は女性の初めての性交を祝福し、神は彼女が夫に肉欲的情熱を捧げ続けることを天上から観察するであろう[V]。

私は少年時代、住んでいた街の端にある家に大勢の人たちがもの珍しそうに押し寄せていたことに、とても驚いたことを覚えている。前夜に結婚したばかりの妻が、ヴァージンではないことを夫が怒りながら暴露し、実家に「連れ戻されていた」。たった一人の生涯でも、こうも物事が変わるのである！　今では、恥の原因は逆転している。思春期の少女たちは、不健康な性行為を自制することよりも、ヴァージンであることを嘲笑されないようにわざと無意味な関係を求め、しばしば不感症という代償を支払っている。

精神分析治療を受けていた恐怖症の女性患者は、自分の内側を壊すであろう巨大なペニスに貫通されるという乳幼児的ファンタジーが恐怖のもととなっていると結論づけた。彼女は、六、七歳の頃、両親が夕食を食べている間テーブルの下で遊んでおり、父親の巨大なペニスがバスローブから出ていたのを見たことを思い起こした。その初期の記憶が彼女の理解につながった。

歴史を経て、男性と女性はインプリンティングへの対処法を変化させた。十九世紀末から二十世紀初頭にかけて、女性たちはすっぽりと身体を包んでいた。こうした時代において、若い女性のロングスカートの裾からちらりと見えた美しい足首に、若い男性はとても興奮すると同時に、女性が誘惑しているのではと警戒した。このように女性が慎ましく身体を包む行為は、逆説的ではあるが、男性の欲望と好奇心をさらにかきたてる。イスラム教徒の女性たちに未だにみられるように、裸を隠そうとする欲求は、有罪宣告を受けた感覚、つまり女性たちは危険であり罪深い誘惑を煽らないように身体を隠さねばならないという感情を駆り立てる。「この世において男を堕落させるのは女の天性である。ゆえに賢者は女の誘惑に対して心を許してはならぬ」と、ヒンズー教徒と宗教団体にとっての神聖な本であるマヌ法典には書かれている(8)(Book II, chap. 213)。

《原注》

I **Husband** は複合語であり、古英語の **hūs** = house（家）と **band**、**bon** もしくは **bonde** =

union（結合）に由来する。「家のまとまりを維持する者」という意味である。

II 毛沢東はかつて、中国の人口増加に触発され、もし中国人全員が同時に飛び上がったら、世界をひっくり返せるだろうと言った。私には、毛沢東が提案したことは、第三世界が発展する唯一の方策のように思えて仕方なかった。中国人全員が手を取り合い一緒に飛び上がったならば、北方の冬の過酷な天候は赤道付近のようになり、南国の怠惰さは、必然的に勤勉さに代わるだろう。

III 大勢の全く知らない人々の前で、裸になり、分娩台の上で外陰部をさらすことを厭わない女性の度量にいつも私は感心している。そして出産の激しい痛みに苦しみながら、何度もその行為を繰り返すことができる女性の能力に感銘を受けてきた。私は女性のこの行動をとても勇敢であると思った。もし男性が妊娠することができたなら、彼らは一人しか子どもを生まないだろうと、誰かがかつて言った。

IV この最後のことに関連して、私は重力についてのバートランド・ラッセル[9]（Bertrand Arthur William Russell）(1925) の観察を思い出す。ラッセルはかつて、物体が地球に落ちるのは、ニュートン[10]の指摘通り地球に引っ張られるか引きつけられるからではなく、経済原理に従っているのだと述べた。なぜなら、空中に漠然と浮かんでいる、ただの純粋な「宇宙的怠惰」に甘んじることよりも、いかなる物体も落ちることのほうが「より簡単」だからである。人間同士がリビドー的に引きつけ合うことも同じように説明できると私は考える。

V 歴史は物語るが、ルクレティウス[11]（Titus Lucretius Carus）（『物の本性について[12]』四巻）は、既婚女性に性交渉の間は動くなと忠告した。なぜなら、そのような行為は売春婦の専売特許と考えられていたからである。ルクレティウスは、性交中に女性が動くのは単に妊娠を避けるためであり、既婚女性は売春婦ではないのでそうする必要はないと公然と論じたようである。

《訳注》

1 baptised :「名づける」の他に「洗礼名をつける」という意味もある。

2 一四五二―一五一九。イタリア、ルネサンスの画家、彫刻家、建築家、科学者。フィレンツェ生まれ。聖母が極めて多く描かれ、母性なるものが彼の重要な主題であった。主な代表作に「モナ・リザ」「最後の晩餐」などがある。(加藤周一・編『世界大百科事典 改訂新版』平凡社、二〇〇七)

3 一八〇九―一八八二。イギリスの博物学者。『種の起原』を著して自然選択による生物進化の学説を発表し、人類の知識の変革に大きく寄与した。(フランク・B・ギブニー・編『ブリタニカ国際大百科事典 第3版』ティビーエス・ブリタニカ、一九九五、参照)

4 一九〇七―一九九〇。イギリスの精神分析家、児童精神医学者。精神分析学に比較行動学的研究方法を取り込み、愛着理論をはじめとする早期の母子関係理論を提唱した。(小此木啓吾、北山修・編『精神分析事典』岩崎学術出版社、二〇〇二、参照)

5 『愛着行動 母子関係の理論1 新版』(J・ボウルビィ・著、黒田実郎、大羽蓁、岡田洋子、黒田聖一・訳、岩崎学術出版社、一九九一)には、「一般的にいって、ほとんどの研究はこの結論を支持しており、逆説は非常にまれである。……現在までに得られた資料にもとづいて、次のような結論を下すことができる。人間の赤ん坊における愛着行動の発達過程と、特定人物に対する関心の形成過程は、他の哺乳類や鳥類における刻印付け（広義に解釈された場合）と名付けられる行動の発達過程と、かなり類似している。人間の場合と、他の種の場合とにみられるギャップを埋めることが、今後の課題だといえよう」とある。

6 engrams：脳に蓄えられている、仮説上の記憶痕跡のこと。ドイツの生物学者セモン（Richard Semon：一九五九―一九一八）によって一九〇〇年代初めに導入された。（G・R・ファンデンボス・監修『APA心理学大辞典』培風館、二〇一三）

7 一八八七―一九七四。ウィーン生まれの精神分析学者。一九一〇年から一九一一年までフロイトの教育分析を受ける。スピッツは、乳児期の研究に没頭し独自の研究領域を開拓した。カメラや十六ミリ映写機による直接観察法で誕生の瞬間から精神発達、とくに情動の発達変容を追い続け、自我形成と母と子の関係性の成立過程を理論化した。（小此木啓吾、北山修・編、前掲書）

8 インドの古法典。紀元前後二世紀の著作。バラモンの日常生活の規範、さらに全人民の社会的規範と王の職務について記した書であったが、これらを継承して、体系的に詳しく規定し、韻文をもって書き、人類の始祖マヌが述べたものと仮託されてできたのが、この書である。これは十二章二六八四詩句からなり、四姓制度と四住期（アーシュラマ）制度とを骨格として、バラモンの特権的身分が強調され、バルナによる差別を随所に述べて、彼らの身分的利益の確立と維持とを意図した。王は法を作る者ではなく、法を保護し、それに従って政治を行う者として、バラモンの関与を説いた。この法典はほどなく権威をもち、インドはもとより東南アジアに大きな影響を及ぼした。（加藤周一・編、前掲書）

9 一八七二―一九七〇。イギリスの哲学者、論理学者、平和運動家。一九五〇年にノーベル文学賞を受賞。数学基礎論、論理学、哲学はもとより、哲学史、社会思想、平和論、教育論、文明批評、啓蒙的科学書、人生論、エッセーなどの領域における彼の多数の著作は二十世紀の思想界に多大な影響を与えた。（加藤周一・編、前掲書、フランク・B・ギブニー・編、前掲書）

10 一六四二―一七二七。イギリスの科学者。彼は万有引力の法則と力学の三法則を使えば、地上の物体の運動だけではなく、潮の満干や惑星の運動すら説明できることを示した。この結果、天上の世界と地上の世界が同一の法則によって支配されており、単一の世界を構成しているということが明らかになった。また、ニュートンは神学や錬金術にも強い関心をもち、重力の原因を神の存在に求めようとしていた。（加藤周一・編、前掲書）

11 紀元前九四（九九）―五五。ローマの詩人哲学者。ルクレティウスの伝記的事実はほとんど不明だが、媚薬をたしなみ、自殺したともいわれている。主な著作に『物の本性について』がある。（訳注12を参照のこと）。（加藤周一・編、前掲書）

12 De rerum natura（= On the Nature of Things）：古代ローマのルクレティウスの唯一の著作。エピクロスの代表作『ペリ・フュセオス（自然について）』に由来するものと考えられる。この詩の中で、無数の原子と原子の運動の場である空虚が存在するという立場から宇宙の生成が説明されている。宇宙構成のメンバーには、月や星、植物、動物、さらに人間という生物がうみだされて宇宙の構成メンバーに加わるが、人間についての描写は細かい。人体の運動のメカニズム、原始の集合体である心の動きが説かれ、恋愛なるものの生物的なからくりが残酷なまでに描かれている。さらに、原始生活から文明にいたるまで、人間の生活をあますところなく歌い尽そうとしている。(加藤周一・編、前掲書)

第5章

女性の身体がもつ力

男性にとって男とは、まさしく知性である。
彼がどんな顔で何を着ているかなんて、誰が気にするであろう?
だが、女性の身体とは女性**そのもの**である。

アンブローズ・ビアス[1](Ambrose Bierce)

女性は一般的に、あるがままを愛してほしいと思い、
男性は自分が成し遂げたことを愛してほしいと思う。
前者は見かけや魅力を、後者は行動を。

セオドア・レイク(Theodor Reik)

製品が何であれ、すべての広告において若い女性の身体が大きな影響力をもつことは、誰もが知っている。化粧品から車、旅行から食べ物まで、売り物なら何でも良いが、大抵女性とは全く関係のない商品である。美しく若く名もない女性の全裸や半裸からの潜在的なメッセージや、時には潜在的ではないメッセージで、我々の五感は常に充満しており、その唯一の目的は、我々の無意識の原始的、生物学的な中核に触れることである。それは隠されたインプリンティングの力を呼び覚まし、時には知らないうちに、ある車を別の車より好むように消費者を導く。それはローレンツの鳥が、知らない間にゴムボールに群がる滑稽《こっけい》な姿と全く同じである。

抽象的で捉えどころのない美の概念は、おそらく生物学的な影響力によって必然的に定められ、その指向性が、人間に何が美しく何が美しくないかを決めるように駆り立てていると思う。「あばたもえくぼ」というイギリスの古いことわざは巧みにそれを言い表している。私は、娘の一人がごく幼い時に述べた意見を覚えている。彼女は、クラスメイトの母親がとても醜いにもかかわらず、その小さな友だちが母親を愛し思いやるのは、実の母親だからという説明につきると言い切った。さらにこの小さな友だちは、自身の母親が実際にどれだけ美しいかと思い巡らし、母親の風貌をきちんと認識できないでいた。「愛は盲目」というのは古い格言である。

女性に関する美の概念は、ある文化と他の文化で異なるだけでなく、歴史的な時代の流れによっても変化してきた。たとえば、古代ギリシャのミロやサモトラケ[2]のふくよかなビーナスから、メムリンク[3]、クラナッハ[4]、ティツィアーノ[5]によって残された長身でスリムなより幼いビーナスまで、我々は一連の偉大な美術作品にその対比を愛でることができる。おそらく太った女性に感化されていたルーベンス[6]もまた、肥満女性の絵画を後世に多く残した（結局、彼は二人の太った女性と結婚した）。それは、後にモディリアニ[7]によって描かれた、よりスタイリッシュな美しさとは全く対照的である。

ビルマ[8]のパダウン族の男性が同族の女性たちに実際どのような本能的魅力を感じているのかを、西洋文明の男性が理解するのは難しいかもしれない。パダウン族の女性は青年期になると、金属のリングを首の周りに一つずつはめて、徐々に首をある長さに引き伸ばしていく。それは、成人して突然リングをはずされた場合に、気道がつぶれるショックで命の危機さえ生じるほどの長さになる。おそらく彼らは、キリンの「エレガントな」歩調にあこがれて真似たかったのであろう[9]。どのような場合でも、インプリンティングの現象が、唯一の論理的な説明であると考えられる。他の男性と同じく、パダウン族の男性も、無意識の奥底で、インプリンティングされた非常に長い首リングの母親イメージを知覚している。これは後に、同様の外見をした他の女性に置き換えられ、人類の奥深くに永久に刻まれた原初的な幻影を自動的に呼び覚ます。

「男の価値は何をなすかであり、女の価値は何であるかである[10]」とスペインの現代哲学者ホセ・オルテガ・イ・ガセー[11]（José Ortega y Gasset）は言った（1925, p.56）。つい先ごろ、モントリオールの新聞がある女性のことを記事にした。彼女は、司会経験のある女性たちの肉体がもはや一時期のハリを失い、若さの輝きを映さなくなると、テレビのディレクターたちが彼女たちを職から外そうとする差別について、悲しそうに抗議していた。彼女はおそらくオルテガの金言と同じ発想に直面して困惑したのであろう。「ひとたび老いれば、神でさえ若い美貌に会釈して敬意を表する」とプラトン[12]は言った。

美しさは完全に相対的なものであり、我々を生んだ若い女性のすばらしいイメージと確実に関連していることに疑いの余地はない。その女性は、他の文明の女性の美しさとは異なっている場合もあり、他所ではおそらく嫌がられたり、拒否されたりするかもしれないが、彼女と同じ特定の文化を共有する男性からは、彼らが求める象徴化された母親イメージに似ているほど、情熱的に強烈に求められる。

この説明は特段珍しいわけではない。たとえば小さなオスの蚊が、空中曲芸をやりながら迷いや躊躇なく、別の小さなメスをつかまえ、つがいになり交尾しようとしたり、そのメスと他の飛んでいる虫とを決して混同したりしない能力について、結局のところ誰も説明できない。選択は信じがたい正確さで行われるのである。際限なく続く美人コンテストは、女性の身体の宣伝的利用であり卑しむべきだと好戦的なフェミニストから絶えず糾弾されるが、王座を巡る競争は、ある美体が別のものよりも優れていることを単に表しているだけであるということを裏付けている。

女性は自分の身体の力に気づいており、しばしばそれらを自らの利益のために賢く利用する。つい最近まで、また今日もある程度残っているが、伝統的社会は女性が人目を引くように身体を利用することを認めない圧力をかけてきた。そこでは一般的に、娼婦だけが肉体的な天賦の性質をあからさまに使い、誘惑的で挑発的になることが許されると考えられている。イタリアのことわざによると、尻を振る女は、売女かその仲間に属しているのに等しい。この偏見は、身体と精神、肉欲とモラルを対比させ、女性は肉体的な天賦を自慢するべきではなく、知的な徳のみを活用するべきであるという示唆をしばしば含んでいる。

私が精神分析的治療をしていた青年期の美しい摂食障害の女性は、不摂生な食事による軽度の肥満の時期と、厳しいダイエットで衰弱する時期を絶えず行き来していた。彼女は十人きょうだいの末っ子で、援助を求めてきた当時、彼女だけが両親と共に未だ実家で暮らしていた。他のきょうだいはすでに結婚しており、それぞれの生活を確立していた。彼女は罪悪感という重荷を背負いながら、自らのアイデンティティと自立を求めて一人でもがいていた。年老いた両親に対して全面的に責任があると彼女は感じていたのである。自身の人生設計をしたい願望と、自分が両親のそばを離れると彼らが壊れてしまうであろうという罪悪感との間で彼女は絶えずアンビバレントに揺れ動いていた。彼女は、こうした分離に懸念を抱いていたのと同時に、自身が若々しいまばゆいばかりの身体に成長していることに気づきはじめ、その影響力を恐れ、さらにそのことで、彼女が多くの男性の欲求対象になる喜びを恐れていた。それまで彼女は一番幼く小さい少女で、甘やかされた末っ子の赤ん坊であり、周りのすべての「力のある」大人にとって全く重要ではなかった。自分の美しさによって得る特権で、彼女は不安で一杯になった。心の中つまり内的世界のファンタジーの中で彼女が感じたのは、自分の身体は両親や年長のきょうだいの所有物であるというだけでなく、そこには彼らが宿っているということであった。自分の身体の力、すなわち魅惑的なルックスで男性をうっとりさせたいという誘惑の魔手に屈服すると、小さな子どもの彼女が決してもたなかった「重要」な位置に最終的に到達してしまい、家族の感情を害するのではないかと彼女は恐れていた。自身の万能的な身体にもがき苦しんだ彼女は、醜く見せようと、極端に太ったり痩せこけたりし、その中間にあるインプリンティングの力を誇示して華麗な美しさがもつ影響力を楽しむという期間を長く維持できなかった。青年期の女性のひどいにきびと同様に、肥満はしばしば無意識の恐れに由来する。無意識の恐れとは、彼女たちが男性から引き出しているようにみえる好色な目つきや欲望の言葉といった新たな反応から誘発される恐れのことである。

ラテン文化において、子どもが青年期に達し第二次性徴が現れはじめた時の深刻な家族の危機を、私はしばしば目の当たりにしてきた。その時期、彼女たちの思春期の身体は、豊かな女性らしさの到来を着実に告げている。時々、青年のより自由な問いや大胆な行動が家族の伝統的な道徳観を脅かし、それによって誘発される不安に、家族の平衡が圧倒されることがある。一方、多くのフェミニストは、肥満やみすぼらしさ、脂肪や不注意、不衛生などによって身体を手荒く扱うことで、無意識的に（あるいはそれほど無意識的にではなくとも）身体を「攻撃」している。それはおそらく男性一般に対する攻撃であり、自分たちの中にある、まさに男性が好むと思われる部分を破壊しているのである。そして結果として、逆説的に男性に似かよっていくことになる。フェミニストのロビン・モーガンは遡ること七〇年代初頭に次のように言った。「私自身の経験から話すと、私が学んだのはウーマンリブを行うことを恥じないということであった。去年、私は仕事を解雇され……留置所でしばらく過ごし、**化粧をしたり足の毛を剃ったりすることをやめ……**」（1970, p.xvi、筆者による強調）。

しかし、「混乱したイヴ」が自分の女性らしい身体を猛攻撃しているとすれば、「罪を犯したイヴ」は、その身体を完全に自分が所有しているとは感じられないでいる。女性が自分の何らかの性的な欲求を実現しようとするといつも、それは禁止された罪深い願望であるかのように、罪悪感を生起させる。そして、いざ性的欲求を満たそうとすると、宗教心や罪悪感で彼女はパニックになり、自尊心を低下させ、自分の意思を抑制するのである。

《訳注》

1 一八四二―没年不詳。アメリカ・オハイオ州生まれ。小説家、ジャーナリスト。ハイスクール卒業後、新聞社の印刷所で働きはじめる。南北戦争では北軍に加わり、武勲をたてる。文筆で身を立てようと志し、一八六八年、「ニューズ・レター」紙ではじめた鋭い風刺の時事評論が大評判となる。当代随一のコラムニストとしての評価を得る一方、小説も発表。一九〇九年から十二年にかけて、『アンブローズ・ビアス全集』（全十二巻）を自ら編集する。一九一三年、革命さなかのメキシコへ旅立ったまま消息を絶つ。（筒井康隆・訳『筒井版 悪魔の辞典』講談社、二〇〇九）

2 現在のサモトラキ島。

3 一四三〇頃―一四九四。フランドルの画家。ドイツ生まれ。調和と秩序ある画面構成のうちに柔和な詩情を示した。肖像画・宗教画が多い。（松村明・監修『デジタル大辞泉』小学館、二〇一〇）

4 一四七二―一五五三。ドイツの画家。多くの肖像画・宗教画を制作。女性裸体画にも独特の境地を開いた。ルターの宗教改革運動を熱烈に支持した。（松村明・監修、前掲書）

5 生年不詳―一五七六。イタリアの画家。盛期ルネサンス、ベネチア派を代表する。独自の輝くような色彩の世界を確立し、女性の裸体画や肖像画にすぐれた。『聖愛と俗愛』『法王パウルス三世』などが主な代表作である。（松村明・監修、前掲書）

6 一五七七―一六四〇。フランドルの画家。壮大華麗な画風でバロック絵画の代表画家。外交官とし

ても活躍した。（松村明・監修、前掲書）

7 一八八四―一九二〇。イタリアの画家。エコール・ド・パリの一人。繊細な曲線と精妙な色彩により、長い首の哀調を帯びた裸婦や肖像を描いた。彫刻でも活躍。（松村明・監修、前掲書）

8 現ミャンマー。

9 ミャンマーの山岳部にカヤン族という首長族が存在するが、村落内の選ばれた女性は首に金色の真《しん》鍮《ちゅう》リングを纏《まと》っている。首は実際には伸びておらず、真鍮リングの上圧が顎を引き上げ、下圧が鎖骨の位置を押し下げていることにより首を長く見せている。フランスの探検家V・D・ゴリッシュは「キリン女（Giraffe Women）」として欧州に紹介した。

10 『愛についての省察』には「伯爵夫人も女優も社交界婦人も、彼女たち全ては自分が戀愛《れんあい》についての通人であることをどんなにしても見せびらかしたいという虚榮心をもつてゐるのであらう。そして、自動車を買つた序《つい》でに爆發《ばくはつ》モーターに關《かん》する手引書を買つた男と同じやうに、彼女たちはここで戀愛のことを研究したがつてゐる」と記述されている。（堀英彦、実業之日本社、一九四〇）

11 一八八三―一九五五。スペインの哲学者。独自の「生の哲学」を構築し、現代文明一般を論評。著作に『現代の課題』『大衆の反逆』などがある。（松村明・監修、前掲書）

12 前四二七頃―前三四七。古代ギリシャの哲学者。ソクラテスの弟子。アテナイ（古代ギリシャ文化の中心地。アテネ）郊外に学園（アカデメイア）を創設。現象界とイデア界、感性と理性、霊魂と肉体とを区別する二元論的認識論において、超越的なイデアを真実在と説き、ヨーロッパ哲学に大きな影響を残した。ソクラテスを主人公にした約三十編の対話編がある。『ソクラテスの弁明』『ファイドン』『饗宴』『国家』『法律』などの著作がある。（松村明・監修、前掲書）

第6章
「キリン女」または
ラテンアメリカの「混乱したイヴ」

女性は頭の足りない長い髪の動物である。
ショーペンハウアー

天才的な女性を愛したことで、
人は愚か者を愛する幸福を理解するであろう。
タレーラン

この小論の中心的なテーマは、端的に言えば、目に見えない生物学的な結びつきによって、男性も女性も同じように若い母親の裸体に愛着を形成するということである。この記憶は無意識の奥深くに隠された部分から強く働きかけ、我々の社会的および個人的行動の重要な側面を知らぬ間に規定する。この万能的な刻印に抗して無意識の共謀が確立され、男性と女性は同等のところに置かれる。つまり、男性は女性の生まれもった力を妬み、女性はそれらの力を恐れるがゆえに女性像を過小評価するというマゾヒスティックな抜け道を選んできたという歴史がある。

何世紀もの間、女性は自身のセクシャリティの真実について自由に知る、認識する、問う権利を奪われてきた。十九世紀末、男性もヒステリーになりうるというフロイトの偉大な発見によって、ウィーンの社会的エリートの間に動揺が走った。これは当時の医者たちには全く思いもよらぬことであった。なぜなら、ヒステリーという言葉自体が、語源的にはギリシャ語で子宮を意味する hystera に由来していたからである。男性にはその臓器がないのにどうやってそんな病気にかかるのかと彼らは尋ねた。ヒステリーという言葉を作り出したヒポクラテスは、女性の腹腔で子宮が予測不能に「動き回る」ことでこの精神疾患が生じると説明した[1]。

フロイトの時代から知られているヒステリーは、伝統的な道徳的基準では罪深く受け入れがたいとみなされている性的な考えやファンタジーを抑圧あるいはむしろ「拒絶」することで生じている。[II] 女性は男性より性的な抑圧が強いため、明らかに女性の方がヒステリーにかかりやすい。十九世紀末、ヒステリー治療の通例として医者たちに推奨されていたのは、子宮摘出術、つまり子宮の完全な除去だった。そのような性欲の抑圧は、自由に考える能力への攻撃性を表していた。これは精神活動を制限し、心を貧困化し、内的な迫害状態を構造化した、まさに知識恐怖症[III]（epistemophobia）である。女性が自由にファンタジーを巡らせようとすると、制御不能な衝動によって淫らな考えが突然意識に上り、自動的に罪深い行動を誘発するかもしれないという恐怖が生じる。本能的願望が常に原始的で幼稚な無意識に侵入してくることと、そういった誘惑が現実化することで超自我に対して道徳的な脅威となることとの連続的な葛藤が、**抑圧**として知られているフロイトによる防衛概念の基本となっている。思考の源泉やファンタジーの自発性を抑圧したり妨害したりすると、そこから汚染され、あらゆる自然な思索する能力までも抑圧することになるであろう。女性は罪業を犯さないように自身の心を貧困化し、隠しもった知識を露呈させることへのとてつもない恐怖を自身の内に潜ませるであろう。

ほんの数年前でさえ、女性がより自由な行動を増やすためのいかなる試みも大変警戒されていた。女性が車を運転し、タバコを吸い、ズボンを履き、化粧をすると、上品で家庭的な婦人たちにきまって眉をひそめられた。そのような女性は例外なく厳しい批判にさらされ、ふしだらか淫乱か、どちらかに違いないと非難された。実際、フランス語の「高級売春婦

(courtesan)」と同じく「売春婦（painted woman)」という表現が未だに残っているほどである。これ以上失うもののない売春婦だけが、化粧品を使ったり襟ぐりの深いドレスやホットパンツ[1]を着たり厚底の靴を履いたりすることができた。しかしながら、過去には、ビザンチウム[2]の皇后テオドシアやロシアの皇后エカテリナ二世、エジプトの女王クレオパトラをはじめ何人もの大胆な女性が、傑出していながらも素性が卑しく節操がないとして、歴史の中で非難や罵倒の的となってきた。十九世紀末には、クレオ・デ・メローデ[3]（Cléo de Mérode)、ラ・ベル・オテロ[4]（La Belle (Carolina) Otero)、マタ・ハリ[5]（Mata Hari)、マエ・ウエスト[6]（Mae West)らのように、貴族の男性や王や大富豪を誘惑する力のある女性も数多くいた。彼女たちはあたかも後に続いた女性たちの真の先駆者のようであり、本当の意味での統率者として伝統的なシステムを解体し、大胆な行動によって社会基準に本質的な変化をもたらしたかのように思われる。[IV] 他の女性たちは高級売春婦ほど勇気がなく影も薄かったため、彼女たちの通った道を追随するだけであった。**売春婦たちは「評判」を守ることをさほど気にせず自由にリスクを犯すことができたため、はからずもより大きな自由への道を開いた。彼女たちは女性らしさの進化の歴史において重要な役割を担った[V]。**

しかし後年、ラテン系の女性たちはそのような負の遺産を捨て去ろうとし、彼女たちの心を解き明かすであろう新しい知識を求めたり、ショーペンハウアーの不朽の名台詞「女性は頭の足りない長い髪の動物である」という有名な皮肉で例えられるのをきっぱりと拒んだりした。たとえばラテンアメリカでは、世界中のさまざまな地域でもみられるように、多くの女性が心を解き明かすのに必要なことを理論的に学ぼうと試みる場として、大学が主要な役割を果たしてきた。しかし、当時大学に行き始めた同世代の女性たちは、日常の問題の中に巧妙なからくりが潜んでいるのではないかと疑っていた。たとえば、女性たちは学問に関しては良い成績を修めていたが、成熟しほどよい女性らしさを身につける力には欠けていた。女性たちは知識とは不釣り合いに純真で無邪気な性質ももっているが、そのような明らかな純真さに加え、自分が無邪気であることを他者に示し、性的知識に精通しているという疑いを免れるための密かな譲歩やマゾヒスティックな共謀もあるのではないかと私は常々感じていた。女性たちが新しい知識を得ようと試みた際には、他者、ほとんどの場合は両親であるが、その他者との共謀関係の中で、自らの基本的、本能的欲求や性的欲求を犠牲にさせられたかのように思われる。**彼女たちは「頭」を大学にもっていったが、身体を担保として家に残して両親に譲与することで彼らを安心させておいた。**女性たちはもっと知識を得たいという願いを叶えるため、自身の罪を犯した身体を囚人のように監視しつなぎ止めておく権限を両親に与えたのである。[VI]

「罪深い」身体が異質なものと感じられ、収監され監視を受ける一方で、頭は大学にもっていかれているこの非常に特殊な状況では、あたかも象徴的に首を引き伸ばすようなことが要求される。それは「キリン女」としての女を想起させる。頭だけはどんな疑いからも逃れて大学にあるが、その頭と長い首でつながっている身体は「看守の両親」に注意深く検閲され、家に収監され、頭の中に獲得された新しい知識がいかなる場合でも罪を犯さないよう絶え間なく見張られている。かつて北欧の女性たちがそうであったように、ラテンアメリカの女性たちはしばしば、自分の身体は自身の独占物ではなく他者に保有されており、両親や親族の男性、つまりおじや年下の弟にさえも属するものだと感じている。ヒンズー教の教典である『マヌ法典』には、「女は幼児期には父に、若いときには夫に、夫の死後には子に従属する。女は決して独立することはできない」とある（Book V, chap. 148）。

「キリン女」には、さまざまな領域でみせる聡明な知識とは対照的な性的純真さが断ち切りがたく示されており、彼女の内部に潜む「他者」が彼女を監視し、対外的に介入してくる構図となっている。その「他者」とは、性的だと疑われるいかなる事柄や邪悪なファンタジーをも注意深く精査する彼女の道徳的な意識の一部である。

「キリン女」の特徴は、心が解き明かされ新しい事実で満たされていくと同時に、本能的で危険で罪深い身体は保守的な伝統と道徳観の支配下に幽閉されたまま隠されているという弁証法的な矛盾として、現象学的に捉えることができる。精神分析的な観点では、こういった女性たちのセクシャリティは大抵幼稚で、子どものような性器を有しているというファンタジーを抱き、貫通を恐れ、幼い少女の頃に見た父親の大きいペニスに驚愕《きょうがく》した古いファンタジーを回想し、無意識のうちに不釣り合いとみなした誇大なペニスに傷つけられるのではないかとの不安を抱えている。

《原注》

Ⅰ　ピタゴラス(7)は、ヒポクラテス(8)の師であるエンペドクレス(9)と同様に、子宮を女性の体内に生息する異なる生き物のようなものと捉え、それは常にセックスを要求し、要求が叶わないと非常に落ち着きがなくなるという信念をもっていた。これは重大な議論を巻き起こし、臨床的にはヒステリーの症状に影響すると考えられた。言い換えれば、女性はただの「セックスマシン」だった。

Ⅱ　二十世紀初頭のウィーンにおいて、裕福な家庭の少女は新しいリズムであるワルツを踊ることを両親から禁じられていた。なぜなら、ダンスをするために男性と女性が身体を近づけるのは歴史上初のことであり、当時の多くの人はそれを淫らなこととみなしていたからである。

Ⅲ　ギリシャ語で知識を意味する episteme と、恐怖を意味する phobos からきている。

Ⅳ　スーザン・ファルーディは、「定期的な検閲……のきっかけとなったのは……マエ・ウエストの毒舌のせいであり、彼女の性的な行動のせいではない」と言う。「……（彼女は）国家の道徳の番人を激昂させた。そしてウィリアム・ランドルフ・ハースト（William Randolph Hearst）は彼女をアメリカの家族の神聖な慣例に脅威を及ぼす人と呼んだ」（1991, p.114）

V　歴史を通じて、貧困層からの影響により、男性の社会的行動にいくつかの興味深い変化が生じた。たとえば、ローマ貴族は寝そべる姿勢で食事をとっていたが、対照的に、貧しい人々はスペースが不足していたため座位の姿勢をとらざるを得ず、こちらの実用的な姿勢がその後広まっていった。また、当時は家族とともに食事をとるという道徳的な理念を順守させるため、居酒屋で食べ物を料理したり温めたりすることを禁じる法律もあった。しかし、独身の男性や旅行者は居酒屋で違法に自分たちの食事を調理せざるをえなかったため、後に一般的となるレストランの概念が徐々に広まっていった。

VI　青年たちの間では、自身と世の中に対して無意識のうちに「この身体は私のものだ」と主張する手段として、身体にタトゥーを入れたりピアスをしたりするのが今日一般的になっている。

《訳注》

1　hot pants：俗語では「セックスのことばかり考えている男」「性欲の強い女」「欲情」という意味がある。

2　現イスタンブール。

3　一八七五―一九六六。フランスのバレリーナ。その踊りより美貌が注目され、ベルギー王レオポルドII世とのゴシップもありながら、世界的な人気を誇った。

4　一八六八―一九六五。スペインの貧しい家庭に生まれ、フランスでダンサーとなる。豊満な胸が特徴であり、王族の公的な愛人となった。

5 一八七六―一九一七。本名マルガレータ・ゼレ・マクラウド。十九歳で植民地軍の軍人と結婚し、オランダの植民地ジャワに渡る。夫と離婚後、単身パリに行き、マタ・ハリと名乗ってダンサーとなる。ジャワで習い覚えたダンスはベルエポックの東洋趣味を満足させ、大胆に裸体をさらしたこともあって、マタ・ハリの名は一躍ヨーロッパ中に響きわたった。やがて第一次大戦が始まり、戦況の悪化に伴ってスパイ恐怖症が社会に蔓延する中、高級娼婦でもあったマタ・ハリは、将校を誘惑して軍事機密を盗み出したとして告発され、パリで銃殺刑に処せられた。（ジュリー・ホィールライト・著、野中邦子・訳『危険な愛人マタハリ―今世紀最大の女スパイ』平凡社、一九九四、参照）

6 一八九三―一九八〇。アメリカ合衆国の女優。豊満な身体と演技スタイルで人気を博した。

7 生没年未詳。前六世紀に活躍したギリシャの哲学者。数を万物の原理とみなすピタゴラス主義は、以降のヨーロッパ思想史、科学史に決定的な影響を与えた。エンペドクレスの四大論、デモクリトスの原子論、ソクラテス、プラトンの哲学もその圏内にある。（加藤周一・編『世界大百科事典改訂新版』平凡社、二〇〇七）

8 四六〇―没年不詳。古代ギリシャの医学の大成者。ソラノスの伝によると、彼は前四六〇年にコス島で生まれたとされる。テッサリアのラリッサの付近で死んだが、その年齢として八十五歳、九十歳、一〇四歳、一〇九歳の四説が伝えられ、また別に八十三歳説もある。（加藤周一・編、前掲書）

9 前四九三頃―前四三三頃。古代ギリシャの哲学者。代表的な著作は『自然について』と『浄め』だが、彼の哲学を解釈するにあたっての最も大きな問題はこの二つの著作の関係である。学者たちは二つの詩を科学と宗教との対立と見てきたが、その見方には問題が残る。（加藤周一・編、前掲書）

第7章 フロイディアンの女性

三十年にわたり女性の心を研究してきたにもかかわらず、
未だかつて答えられていない、
そして私が未だ答えることのできない大きな疑問は、
「女性は一体何を求めているのか？」である。

ジークムント・フロイト[1]
(Jones, 1955, p.421)

ジークムント・フロイトによると、女性の基盤にある損傷、もしくは自己愛的損傷で、とりわけ顕著なものは、女性のペニスの欠如で表象され、生物学的「欠損」を修正し、あるいは埋めることを意図した、女性のペニス願望として解釈されうる。一方、男性たちはそのような欠損が生じる可能性を脅威として、また自身のペニスを失うかもしれない警告としても感じており、それは、小さな男の子には大抵現実の去勢恐怖として感じられている。

フロイディアンの概念は、男根中心的で、女性たちは去勢された男性として表現されており、その中で彼女たちはペニスを所有したいという羨望的な願望を抱き、状況が再び好転すれば人生のある時点で失ったペニスを取り戻すことができると信じている。もちろん、男性は平常の環境においてペニスを未だ失ったことはなく、女性はペニスを生やすことができた試しはない。そのような表現は象徴的な価値しかない。

フロイトを継いだ、カレン・ホーナイ[2]（Karen Horney）、メラニー・クライン[3]（Melanie Klein）、ヘレーネ・ドイチュ[4]（Helene Deutsch）、そしてマリー・ランガー[5]（Mary Langer）をはじめとする多くの女性精神分析家は、女性たちの身体に対する男性たちの羨望を重視した論を紹介しており、それは人間の身体の発達とも関連している（前章で私が言及したインプリンティングの概念にとても近い議論である）。男性たちにはくっきりとした完全に外に出ている具象的な性器があるからといって、女性たちのみが男性に羨望を抱いているわけではなく、男性たちも同様に、女性たちがもつ身体的影響力や生命を生み出す力に羨望を抱いている。しかし、女性たちの母性性（maternity）により男性たちの中に引き起こされたこの羨望は、長期にわたる強烈な文化的心理的抑圧のために遮断されてきたが、その抑圧はすでに述べたように、男性一般と「罪を犯したイヴ」の段階の女性たちとが共謀して女性たちに負わせたものである。

妊娠は女性にとって自然な自己愛の最高の表現であり、女性が自分は完全であると感じるなかで母親と胎児はともに育み合うため、その間、父親や周囲の環境は心理的に排除される。[I] 私は、精神分析的治療の間、いかに私の女性患者たちが妊娠を自分の母親への勝利の形として無意識的に経験しているか、つまりかつての自分の母親よりも良い母親になるだろうと信じているかをしばしばみてきた。[6] 多くの女性は妊娠や妊婦であることを楽しむが、こういった事例の場合、母親との競争心が罪悪感を引き起こし、次いである種のアンビバレンスを生み出し、それらは大抵吐き気、嘔吐、出血、流産の脅威、健常児ではない赤ん坊を生む恐怖という形であらわれ、象徴的には処罰欲求か、もしくはそのような脅威から自身が自由になることへの願望を意味すると私は考える。

個体発生的観点からも、系統発生的観点からも、男性たちは母親と子どもの二項関係に後々になって加わることになる。オーストラリアの近くの、トロブリアンド諸島[7]に住んでいた原始人は、女性たちが海で泳いでいる時に海の精霊に貫通されるやいなや妊娠する、と信じていた。

彼らは男性が受精に直接関与することを理解しておらず、ある特別な家では、避妊や結婚なくして、自由に性的関係をもつことが許されていた。その一方で、彼らは見知らぬ人との食事など、他の行動にはとても厳しい禁止を課していた。男性たちが直接受精に関与していることが立証されたのは、比較的最近のことである。なぜなら、その立証のためには女性の出産を単純に崇めるというよりは、むしろ科学的なアプローチが必要だったからである。それには男性たちの精液の顕微鏡での観察や精子が存在するという知識、そして卵子の受精に精子が関与しているという根拠が必要であった。だからこそ、創世記時代の昔の男性たちは今の男性たちよりも女性たちを羨望していたのであろう。男性たちの積極的な関与が科学によって明らかにされ、それが常識となったので、現代では男性たちは以前より新たな自信を抱いている。

母親であることは具象的で確証された事実であるが、父親であることは異なる。父親であることは、昔は信じる心を必要とし、現在は科学的証明による支援を必要としている。これは、**父親とは常に不確かなものである**[8]ということわざや、ホメロスの[9]『オデュッセイア[10]』にあるテレマコス[11]からアテナ[12]への言葉に表れている。(Book I, p.214)

私の母は彼が私の父親だと言った。

しかし私にはわからない、

なぜならば、男は誰が子種となった父親か決してわからないから[13]。

古代において、精液は胎児の食物であり、男性たちの貢献は単に栄養面にあると信じられていた。後に、精子が視覚化された時、「ホムンクルス[14]」の概念を元にした新たな理論が生まれ、精子だけが赤ちゃんへと発達し、女性は生まれる準備ができるまで子どもを包みこみ、保護する単なる容れ物だとされた。この幻想はすでにギリシャ神話で表現されており、アテナはゼウス[15]の頭から生み出され、ディオニソス[16]もまたゼウスにより生き続けることができ、ゼウスの大腿の深いしわから生み出されたと記述されている。偉大なる詩人のアイスキュロス[17]は「ユーメニデス[18]」という詩の中でアポロ[19]に次の言葉を言わせている。（六五九―六七七行）

聞きなさい、さすれば汝は私の深い教えを所有するであろう。
母親と呼ばれることが生み出す人になるということでは決してない。
どちらかといえば新しくちりばめた種を養育する人である。
男性が子をもうけるのである。彼女は小さな客の宿主となる。
それを枯らすことで神が喜ばない限り、植樹を保存する。
私は自分の議論に理由を与えるだろう。

これまでも、また今も父はいる。たとえ母がなくても。
その証は、このオリンパスの山に住むゼウス自身が生み出した子どもであり、
彼は子宮の暗い覆いの中でなくても育った。
いかなる女神も決して生んだことがないすばらしい子孫だ。[20]

フロイトは「罪を犯したイヴ」として分類されるような女性たちを観察し、彼女たちは男性たちの賛同を得て自身の自我を探したが、結局男性たちを理想化する女性たちの欲求は必然的に羨望を生み出すことから、「ペニス羨望」の概念を考えた。男性たちに対する女性たちの羨望と同様、多くの人がこの理想化を未だ真実として受け止めていることは、それが時の流れの力に永遠に耐えるということを意味しているわけではない。真実はしばしば歴史の変容とともに変化するものである。フロイトの女性性の概念は十九世紀末から二十世紀初頭に主流であった思想と深く関わっている。同じように、ガリレオの時代以前には太陽が地球の周りを回っているのではなく、地球が太陽の周りを回っていることをイメージすることは難しかった。なぜなら、地球ではなく太陽が動いているのであって、それは毎朝東に現れ、毎晩西に落ちていくという、カトリックの新任聖職者の見解があったためである。フェミニストのスーザン・ライドン[21]（Susan Lydon）は、「しかし、ポスト‐フロイディアンは師匠の教義に対して頑なに忠

実である。そして、フロイト自身、ほとんどの彼の著作において、将来研究対象となることを望んでいたものが、支持者たちにとっては教会法(22)(canon law)のように受け止められていった」(1970, p.199)と言った。

物理学の実験により十七世紀末に発明された蒸気エンジンは、沸騰した水によって生み出される圧力の集積と、一連のレバーとギアによる蒸気の自動制御操作により動きを生み出している。これらの発見に影響を受け、フロイトは心の機能を同じような形式で考え、本能的生物学的源を刺激するリビドーを、心の中に蓄積され、出口を探す蒸気に当てはめたのだろう。病理と正常は、このような均衡により生じた結果に直に左右されるが、ここでいう蓄積には苦痛が伴い、そしてウェルビーイングの排除がある。他方、リビドーは性的エネルギーと同等とされ、膨大に蓄積されると多大なる不安に変わり、また、この圧力を解放するためにどんなはけ口を選んだとしても、それらはさまざまな形の病理として解釈された。たとえば、マスターベーションは心気症が関与しているだろうとされ、**膣外射精の性交**は他の症状の一種だろうとされた。後にフロイトはこの視点を完全に変えたが、彼がこの時直面していたことは、妊娠は実に生命を脅かす状況であるという、当時生きていた女性たちの現実、もしくは女性たちのあり方の特徴であった。それを避ける方法はなく、新たに妊娠がわかると、男性も妻もかなりのパニックに陥った。

フロイトが彼の女性患者に見出した不安は、マスターベーションもしくは**膣外射精**によりリビドーの蓄積が解放されたことに起因するとは限らなかった。それよりむしろ、十九世紀末において避妊に関してひどく無知であったことが直接影響していた。この混乱を理解した時点で、フロイトはより心的現実に沿った不安についての新しい理論を精巧に考察した。しかし私はこの議論がさらに複雑になることを避けるために、この理論の論述はここまでに留める。どんな場合でも、常にすべての理論はある特定の文脈の中に現れ、他の科学領域から有効性が試されることは避けられない。

フロイトは直観力や驚くべき観察能力をもっており、男の子と女の子の身体構造の違いが、精神発達での決定的な結果をもたらすということに気がつき、精神分析の理論において重要な定式化である去勢不安の概念を具体化した。女性たちが男性のペニスを羨望するのは、自身の隠された神秘的なセクシャリティの複雑さを心に抱くことができず、そのため私が「罪を犯したイヴ」や「混乱したイヴ」と分類した女性の思考形態に留まっているからである。ひとたび女性たちが抽象的思考や想像力を用いて隠されたセクシャリティというパズルを解けば、ペニス羨望や去勢不安は和らげられ、ついには消失するだろう。それは、妊娠や出産に対する男性たちのかつての羨望が、精液の存在や彼らの受精への関与を科学的に告げられたことで消失したのと同じである。

次の三つの章で、私は極めて重要であると考えるいくつかの側面をレビューしたいと思うが、なぜならそれらはすべての女性の心的発達を妨げる一連の天然障害物（natural obstacles）を表しているからである。まず初めに、私は多くの大人の女性たちと同様に、小さな女の子の心にしばしばみられる混乱について詳細に検討しようと思う。そこで私はヴァギナと肛門の機能の混乱、すなわち「一孔仮説（排泄腔理論[23]）（cloaca theory）」について言及していく。排泄腔（cloaca）とは二つの機能が通常合体している動物の臀部《でんぶ》の穴に与えられた名前である。次に、私は二つの重要な問題として、ペニス羨望と肛門の発達との関連について検討する。そして、第11章では、「罪を犯したイヴ」たちが共通して、束縛、絶望や自暴自棄のはけ口として魔術に頼る欲求について言及する。他方、第12章では、錬金術の哲学的概念にみられるように、魔術と真の想像力との違いを見極めて論じる。

《原注》

I　私は精神分析の治療の中で、人々は依存欲求や他者欲求を抱くことにまつわる恐怖から自身を守り、完全な自己充足感を抱くために、最低四つの条件のいずれかを用いることを観察した。この四つの条件が正常か異常かと認められるかは別として、(a)マスターベーション、(b)薬物中毒、(c)強迫的儀式、(d)妊娠である。

《訳注》

1　アーネスト・ジョーンズ（一八七九―一九五八）：イギリス、ウェールズ出身の精神分析医。フロイトから指輪を受け取った精神分析運動の初期のサークルに属する一人であり、精神分析を英語圏に広め定着させるのに大きく貢献した。主な著作に『フロイトの生涯と仕事』（一九五三―五七）がある。（小此木啓吾、北山修・編『精神分析事典』岩崎学術出版社、二〇〇二、参照）

2　一八八五―一九五二。ハンブルク生まれ。新フロイト派の指導者。一九三三年頃からサリヴァン（Sullivan, H.S.）、トムプソン（Thompson, C.）らと研究会をもっていたが、これが精神分析振興協会およびアメリカ精神分析研究所の創設につながり、新フロイト派と呼ばれる学派の発展をもたらした。（小此木啓吾、北山修・編、前掲書）

3　一八八二―一九六〇。ウィーン生まれ。クライン学派の創始者でイギリス対象関係論の基礎を作った女性分析家。（小此木啓吾、北山修・編、前掲書）

4　一八八四―一九八二。オーストリア‐ハンガリー帝国ポーランド領内の小さな町、ブシェミシュ生まれ。フロイトのごく初期からの愛弟子の一人で、理論的にも個人的にも最後まで彼に忠実であった。女性の心理、「かのようなパーソナリティ」などの理論の発表とともに、渡米後は、ボストンで米国精神分析協会の代表的な指導者になるが、ドイチュの最大の功績は、規律正しい秩序を持った精神分析の研修機構の確立であった。（小此木啓吾、北山修・編、前掲書）

5　ヨーロッパからの亡命者で一九四二年にアルゼンチン精神分析協会を築いた一人。特に女性のセクシャリティを追求した分析家。ハインリッヒ・ラッカー（Heinrich Racker）の教育分析家の一人でもあった。

6 foetus：受精後九週間以降の胎児。

7 南西太平洋、ニューギニア島南東端の北沖合に位置し、パプア・ニューギニア国のミルン・ベイ州に属する島群。四つの平たんなサンゴ島と周辺の環礁からなる。この地が有名になったのは、一九一五―一八年に調査を行った人類学者マリノフスキーの業績による。住民は容貌、気質ともにメラネシア人よりもむしろポリネシア人に似ているとされてきた。自給農業のかたわら漁業にも盛んで、魚の取引は経済、儀礼の両面で古くから重要である。住民は木彫、籠編みにすぐれた技能をもち、副業として成功している。村は百人以下で、いずれかの氏族（クラン）または分氏族（サブクラン）に属する。出自は母系である。島嶼群《とうしょぐん》を中心に広い海域を圏内とする儀礼的交換の風習クラがある。クラは威信の象徴のみならず、散在して住む人々に地域社会を意識させるため続いてきた。学校、病院、地方評議会があり、近代化の進むなかでも固有の文化が根強い。（加藤周一・編『世界大百科事典　改訂新版』平凡社、二〇〇七）

8 Pater simper incertus est. = The father is always uncertain.

9 生没年未詳。古代ギリシャの叙事詩人。古代ギリシャ文学初頭のヘクサメトロス（六脚韻）による口誦詩の作者と考えられている。後世の伝承によれば、『イリアス』『オデュッセイア』およびいくつかの詩の作者である。ローマ帝国時代のギリシャ人は、ホメロスを最高の詩人と考えていた。（加

藤周一・編、前掲書）

10 ホメロス作のギリシャ最古の大叙事詩。『イリアス』とともにホメロス作と伝えられるが、ホメロス自身の伝記も年代も明らかでなく、その作品の考証から前八〇〇―七〇〇年頃に書かれたと考えられる。ヘクサメトロス（六脚韻）と呼ばれる詩行から成る二十四巻の作品で、一万二一一〇行にのぼる長編。各巻は二十四のギリシャ・アルファベットの名で呼ばれているが、この巻別は『イリアス』と同じく、前三―二世紀ごろアレクサンドリア時代に作られたもので、古くはまとまった部分ごとに、その内容にふさわしい名がついていた。『イリアス』を前提とした物語であり、知者として名高いイタケ王オデュッセウスのトロヤよりの帰国物語である。（フランク・B・ギブニー・編『ブリタニカ国際大百科事典　第3版』ティビーエス・ブリタニカ、一九九五、『世界名著大辞典』平凡社、一九六〇、参照）

11 オデュッセウスとペネロペの子。母とともに帰国しない父を待ちわびながら、母の求婚者たちの横暴に耐え、アテナ女神の導きにより父の行方を尋ねて放浪し、そしてついに父子が対面して求婚者たちを殺戮《さつりく》する。彼の諸国遍歴譚は後年、フェヌロンの『テレマックの冒険』に採り入れられている。（加藤周一・編、前掲書）

12 古代ギリシャの重要な女神。アテネともいう。知恵、学芸、工芸、戦争をつかさどり、ローマ神界のミネルウァにあたる。もともとはギリシャ先住民族の女神で、ミュケナイ時代には王侯の宮殿が立つアクロポリスの守護神であったが、やがて政体の変化とともにポリスそのものの守護神、さらにはポリスの存続・発展に不可欠のさまざまの技術や学芸の女神となったものと考えられる。神話では、ゼウスとその最初の妻メティス（Mētis）（思慮の女神）の娘とされ、メティスから生まれる男子は父の王座を奪うだろうとの予言におびえて妊娠中の妻を飲み込んだゼウスの額から、すでに成人し、武装した姿で飛び出したという。（加藤周一・編、前掲書）

13 『ギリシア叙事詩・悲劇篇　イーリアス・オデュッセイアー』（呉茂一・訳者代表　河出書房）には「私の母は私は彼の子供だと言います。しかし私は存じません。誰だって自分は誰の子か知る者はいませんから」とある。

14 ラテン語homo（人間）の指人形で〈小さな人〉の意。解剖実験用の人体模型を指すほか、とりわけ魔術師が人工的に造りだすと考えられた人造人間に対して使われる。ルネサンスの自然魔術の系譜を踏むこの人間造出は、小宇宙（実験室）の中で原物質の死（腐敗）を通じて無垢の原人（アントロポス）を生む、死と復活の密儀思想を背景にもつ。したがってそれは、卑金属が死の関門をくぐった後黄金として蘇生すると考える錬金術の哲学と密接な関係にあった。（加藤周一・編、前掲書）

15 古代ギリシャ人の最高神。オリュンポス神族の長。その名は「天空」を意味する印欧共通基語dyeusからきており、彼は天空神として雲、雷、雨、雪などの気象をつかさどる一方、人間社会の秩序の維持者とされた。ローマ人によってゼウスと同一視されたユピテル（Jupiter）も、その名はDieu pater（父なるディエウス）の意で、本来はゼウスと同じ神である。（加藤周一・編、前掲書）

16 ディォニサス、ディオニソス、ディオニュソス。ゼウスとセメレの息子。ぶどう酒と豊穣と演劇の神。

17 前五二五頃―前四五六。古代ギリシャの三大悲劇詩人の一人。彼は初期のアッチカ悲劇に存したとみられる抒情的・祭祀的性格をとどめながらも、アリストテレスによれば、俳優の数を一人から二人に増加して対話劇の可能性を開き、前五世紀の独特な悲劇形式の完成に先駆的役割を果たした。彼はまた「悲劇的」人生観を劇形式で表現しようとした最初の作家である。（フランク・B・ギブニー・編、前掲書）

18 オレスティア三部作のうちの一編。〈慈みの女神たち〉と訳されることもある。ギリシアの悲劇詩人アイスキュロスの晩年の作品（前四五八）。オレスティア三部作では、素材をトロイア伝説から取り、オレステスによる父の仇討のための母殺しというテーマを取り上げている。S・フロイトはこの話から母を憎み父を愛する女性心理エレクトラ・コンプレックスという用語を作った。（加藤周一・編、前掲書）

19 美・詩・音楽の神。ヘリオスとともにポイボス・アポロと同一視される。ゼウスとレトの息子。

20 『ギリシア悲劇全集1』（久保正彰、橋本隆夫・訳、岩波書店、一九九〇）には「この問題についても説明しよう。私の話がいかに正しいかよく理解するように。いわゆる母と呼ばれる者はこの親ではない。あらたに植えつけられた子種の養い手なのだ。親というのは種を植えつける役の者をいう。そして、見ず知らずの男とのあいだで、女の方が子種を受けた後、神が害を加えない限り、その胎児をつがなく守る、――これが母というものだ。この説明の証となる事実をお前たちに見せてやろう。父というのは、母がなくても子孫を残すことができる。すぐそばに、その証としてオリュムポスのゼウスの娘神がいるではないか。母の闇の胎内で育てられたのでもなく、いかなる女神も生みおとしたことのないような姫君であったのだ」とある。

21 *The Politics of Orgasm* の作者。

22 キリスト教会の組織および活動を規律する法のこと。教会法には、教会の典礼ないし宗派別に、ローマ・カトリック教会法、カトリック東方教会法、ギリシャ正教会法、プロテスタント諸教会法などがある。それらのなかで最も重要なのはローマ・カトリック教会法で、単に教会法といえば、これをさすのが通例である。（フランク・B・ギブニー・編、前掲書）

23 一孔仮説は、小児がまだ膣の存在を知らぬがゆえに、赤ん坊が母親の胎内で生長し、そこからでてくるものだとしたら、「それができる唯一の道は腸管の出口からである他あるまい」と考えるところから生じている。小児は「赤ん坊は排泄物のように、つまり糞便のように排出されるに違いない」と確信し、その結果、女性だけが子どもを生む優先権をもつのではなく、「肛門から子どもが生まれるものだとすれば男性だとて女性と同じように子どもを生むことができる」と空想する。一孔仮説は、女性の精神・性的発達との関係でも論じられている。女の子にあっては、「肛門の作用と膣の作用の区別は、この両者に解剖学上、および機能上の密接な類似性があるので困難である。性器は汚管（Kloake）に隣り合っていて、『女性にあってはまるで間借りでもしているといってよいくらいである』」。このような両者未分化な状態から出発して、女の子は男性的な支配器官（クリトリス）に支配されて、男の子のようにふるまう時期を経て、やがて思春期に入ると「男性的な性を除去し、膣と腸管口の分離を達成する」、そして膣が支配的な性感帯となって女性の性発達は完了するとフロイトはいう（小此木啓吾、北山修・編、前掲書）。「排泄口理論」（ジャン・ラプランシュ、J・B・ポンタリス・著、村上仁・監修、翻訳『精神分析用語辞典』みすず書房、一九七七）、「排泄腔理論」（ジークムント・フロイト・著、懸田克躬・訳『フロイト著作集5　性欲論・症例研究』人文書院、一九六九）ともいう。

第8章 一孔仮説

年を重ねても、マスターベーションを覚えるのが難しいのは、私たちが、足の間は触ってはいけない汚い場所だと信じるように育てられてきたからである。

ナンシー・フライデー（Nancy Friday）（1991, p.44）

女性とは対照的に、男性が自分の性的なアイデンティティを確信するには、男性を特徴づける外性器という触れることができる証拠を目にするだけでよい。女性の場合、性器は隠れていて見えない状態であり、体内に見失われている。女性が性器を意識するためには、抽象的に考えたり過去の知識を呼び起こしたりしなければならず、視覚的には欠けて見える器官を心の中に再現し、思い巡らすしかない。女性自身や他者にとっては、性器は**存在している**というよりも**不在である**ように思えるのである。

女性、中でも小さな女の子が、簡単に見ることができ、オルガスムの快楽を与えることもできる男性器の具象性に羨望するというのはありうることである。女性が男のペニスに羨望するのは、まぎれもなく本物の感情といえるが、そうした情動の深さを明確に定める多くの要因によって条件づけられている。

「罪を犯したイヴ」の段階にいる女性は、男根の面前で何かが欠損し、欠如している感覚が誇張され、それは自身の隠された性器の存在を想像できないことでさらに損害を受ける。有形であること以上の何かが男根を羨望の対象にしている。まず女性は、自身の思考から性差別的要素を取り除くことや、自身の身体およびその身体を刺激して得られる愉悦に対して絶対的権利をもっていると感じることが難しく、自身の身体の構造内にある性器の存在を絶対的確信をもって鮮明に描けないため、自ら課した制限にとらわれることなく、自由に空想することは困難である。おそらく私の主張を誇張した一つの例を挙げると、ある精神病患者は、工学関係の研究者であったが、彼はすべての精神活動をあまりにも性的なものにつなげてしまうので、離職を考えていた。彼にはすべての理論的説明が、常に他の活動の解説とつながっており、それは大抵性器的なものと関連していた。そのため、軸の加速、振り子の動き、物質の引力などの理論は、性的なものに充ちていたのである。

性的な行為や思考が、好ましい知的な発達を妨げるという考えは目新しいものではない。五十年前には、良家の子女は普通の学校に通うことを両親に禁止されたため、学校で男女が交わることはなく、安全な家の中で特別な家庭教師から勉学を教わった。ラテンアメリカの国々では、医療や看護やソーシャルワークなどは、その職業柄「性的である」と考えられ、「お嬢様」には禁止されたため、彼女たちは建築学、薬学や心理学の勉強を好む傾向があった。「売春婦・尼僧」という、多くの女性が内的に経験している対照的な女性像は、親が娘たちに向ける誘惑と禁止の二項対立と密接に関係している。先日ある母親が相談室に来て、二十四歳の美しい娘への苦々しい不満を述べたてた。以前の彼女は、娘にＴＶコマーシャルに出るよう勧めていたにもかかわらず、娘がビキニの宣伝で大胆に「へそ」を出すと、「まるで売春婦のようだ」と言ったのである。

インプリンティングのパワーもまた女性の知性的な将来に確実に影響を及ぼす。女性の身体的美しさや魅力がもたらす自己愛的な喜びは非常に大きいため、精神的ポテンシャルを充分に発達させることに満足感や充実感を求める必要がなくなる。古いフランス映画に登場するある男性は、同時代の女性の攻撃性や対抗心に不満を述べながらも、「知性的汚染がない単なるセックス」をするような女性と肉体関係をもつ願望を興奮気味に述べている。古い格言には、「女性はヴァギナで考える」というものがある。

奔放に想像を働かせることは、女性の心に抑圧されている隠れた誘惑が露呈し、抑制が壊され原始的で無秩序な性的欲求が暴発し、コントロールを失って意識に溢れ出すかもしれないいため危険である。そうなると、道徳上の制約が反転し、乱行がはびこるであろう。このような制約は昔の女性、つまり「罪を犯したイヴ」には特有のものであり、彼女たちは社会的にセクシャリティの抑圧を強いられていると感じ、さもないと悪魔的性質を非難される危機に直面するのである。[1] ゆえに、女性たちの本能的なセクシャリティと伝統的な社会的抑圧による葛藤との間に弁証法的な矛盾が生じ、前者では解剖学的に隠された性器の存在を感じるために、想像力や抽象化を必要とする一方で、後者では思考が制限され抽象化が不可能になっている。そのようなパラドックスがあるために、女性が性的な平等に到達することも、有形の目立つ男根と競争できるようになることも難しく、その上さらに男性は性的思考への恐怖がほとんどないだけでなく、マッチョ文化の圧力を糧に性的思考を育んでいる。

したがって、「罪を犯したイヴ」の心の中では、致命的な罠が動揺を引き起こす。彼女は罪を犯す恐怖から、思索することを恐れると同時に、内なる抽象的な理解に達することができないため、自身の隠れたセクシャリティの「存在」を心に抱くことができない。我々の文化の無言の規範は、女性が自由を行使すると放埒《ほうらつ》者だと決めつけるが、男性が自由を行使しない場合には、その人物の男性性に疑問を呈す。

同様に、女性の性的なアイデンティティの充分な理解を邪魔する重要な事情が他にも存在する。すでに言及した知的な妨害に加えて、生物学も共謀して混乱を助長し、多くの身体内機能の本当の狙いを理解しにくくしている。たとえば、ヴァギナが実際に出産やオルガスムに対してどう関与しているのかが明らかになるのはさらに後年になってからである。この器官は、最初は単なる排泄器官として機能し、小さな女の子の目には尿を出す器官に映るため、この年頃に普通に行われるクリトリスでの自慰行為によってその機能が変えられることはない。思春期になると、経血の出口としてのヴァギナの排泄機能が確立され、本質的に何か恥ずかしく汚いものであると考えられるようになる。そのため、思春期の女の子にとってヴァギナは、小便、おりもの、経血のような望まない分泌物が出てくる器官を表しているが、子宮は妊娠の準備をしながら、受胎しないことに抗議するかのように静かな涙のような経血を流しているのである。

女の子にとって、ヴァギナは人生のより後年になるまで性的快楽の部位にはなりえず、有機体が放出したい不快な物質を排泄する穴にすぎない。ヴァギナの役割を恥ずかしいものとする思春期的概念の起源は、肛門のメカニズムと関係しており、両者とも、命ある誰もが不要な成分を放出する器官である。二つの穴が解剖学的に接近していることも、混同と混乱を引き起こしうる要因である。これが、一九〇八年にフロイトが「一孔仮説」を提起した理由であり、それによると女性は無意識の内奥で、多くの下等生物と同様に解剖学的に肛門とヴァギナが同じ器官のように融合していると感じている。月経中の女性は、パートナーが色っぽく接近してくると羞恥心から抵抗を示すということがしばしばみられる。特に、月経中の性的な関係を禁止する宗教を信仰している女性はなおのことである。

精神分析的治療の中では、月経周期が巡ってくるたびに女性が恥ずかしがる様子が観察される。それは、**ヴァギナ**と**肛門**の活動の混乱から生じている面もある。未来の赤ん坊の栄養となるはずであった経血をそのように拒絶することは正当ではないにもかかわらず、それは不快で穢《けが》れており、性交を汚染するかのように認知されていた。女性がヴァギナでオルガスムを得られることに気づいても、このような原始的で幼稚な思い込みは全く中和されることなく、隠され抑圧されて存在し続けている。これらの思い込みは女性心理における決定的な要因となっており、無価値感や屈辱を頻繁に誘発する傾向がある。「女性は自身のそれを観察したい、知りたい、確信したいという願望を満たすことができないため、どのような形をしているのか実際には知らない。一方で、それは男性にとっては簡単なことである。なぜなら彼は自身の主観性を免れることができないからである」とエリザベッタ・レオネリ（Elisabetta Leonelli）は言う（1984, p.34）。

フロイディアンの理論の中心的テーマである去勢コンプレックスもまた、女性の心にあることのような肛門不浄の認識と無価値感によるものであり、単に外側にある男根の欠損に起因しているのではないように思われる。去勢コンプレックスの内にアナリティーが関与しているという考えは、「肛門去勢」の概念を提起したフロイトの古典的精神分析と矛盾するものではない。

《原注》

I　キット・シュワルツ（Kit Schwartz）は、彼の著書 *The Male Member* の中で、法王の足にキスをするという現在の習慣が興ったのは八世紀であり、ある法王（その本では名前がなかったので不明である）が、掌《てのひら》にキスをしようとした女性からものすごい力で手を握られた時に、自分の手を切り落とすことに決めた後からのことであると述べている（1985, p.37）。

第9章 基底的な損傷

親密さは透明である。
人間は意識によって悩まされる動物である。
ミゲル・デ・ウナムーノ[1] (Miguel de Unamuno)

アナリティーの最も重要な特徴は、恥と嫌悪の感情である。人は自身の生態という枠組みの中で守られていないと存在できない運命にあり、その生態に基づく活動は、一方では人の存在にとって不可欠であり、もう一方では憎悪されるものである。肛門の機能はすべての生物種に共通しているが、人だけが排泄の機能に対して動物界の他の種には全く欠けている恥と嫌悪の感情をもつという点で異なっている。

テイヤール・ド・シャルダン[2]（Pierre Teilhard de Chardin）は、進化において類人猿（サル）が人間に変化する瞬間を「人間化」と呼び、系統発生的な観点からみた人間化のポイントはいくつかあるが、動物が明らかに経験していない**恥**という感情によって特に決定されたに違いないと考えた。ミゲル・デ・ウナムーノは、「人間は意識に悩まされる動物である」と述べた。一方、オルテガ・イ・ガセー（1961, vol.7, p.71）は、動物園に行ってサルを見てみるよう勧め、サルの主な関心がいかに「他者」、つまり彼らを取り巻く人々（ラテン語では**他者**［alter］）に向いているかを観察した。彼らは絶えず**変化させられながら**[3]（altered）生きていると同時に、自己に没頭できないことに気づいている。言い換えれば、彼らは他者の存在によって変化させられるという決定的な影響力から逃れられない。サルがこの他の人たちに同一化することなく、その人たちの行動を真似て反復するのは、サルにとってこの行動が異質で浸透しないものだからである。動物とは対照的に、人間は自分たちが真似たり学んだりするあらゆるものを同化し、それを盗んだり自身のものに変化させたり、自身の本質的な部分に植えつけたりすることができる。おそらくこの同化の能力こそが、意識、つまり道徳的意識の出現を決定づけ、そしてその結果、恥が出現するのである。他の人々の行動をあたかも本当に自分のもののように摸倣しなければならない人間の能力を決定づけるものがどんなものであれ、それは恥、嫌悪、罪悪感をも引き起こす。つまり、サルは他者を真似るだけであるため、行為の実際の責任はその他者にあるが、人間は他者と完全に同一化するため、自分がその行為を行ったと感じ、責任を感じる。

原始人の心において、アナリティーへのより大きな気づきに伴い恥の感情が出現したことは想像に難くなく、そのことが同種の批判的な目から遠く離れたところに嫌悪する排泄物を置いておくための隠し場所を見つけたいという欲求を引き出した。**便所の発明は人類の進化の決定的な瞬間であり、初めての社会化の試みやさまざまな社会階級の創設につながった。社会階級では原始的な集団をエリートと社会的に下級だと考えられている人々の二つに分けて区別しており、前者は洗練されているがゆえにアナリティーを隠そうとし、後者は排泄機能を公に共有しているがゆえにより低俗かつ平凡だと考えられていた。**その後、人間がいつも囲まれていた他の動物たちと共通する機能を隠すのに不可欠な場所としてトイレが発明された。そこは人間が恥ずべき卑しい系統から自由になろうとする、進化上の洗練された場所となった。しかし、大多数の人間の苦しみは、人間がその生態において美しく崇高と考えるようなものと、肛門の明白な具象性との解離から生じている。大抵、肛門はすべての生物において最も卑しむべき活動、つまり排便と混同されている。私が精神分析療法をしている患者、中でも女性患者において、無意識のファンタジーによって自分とは別のタイプの人々がいると信じている人たちがいた。その別のタイプの人々は、財産、美しさ、肌の色、背格好、知能などが患者の欲求に沿うよう完全に理想化されており、排便を含むすべての不愉快で厄介なものや、弱点、欠点がなく、「尻《けつ》ナシ」(4)の生き物のようで、生まれつき世俗的欲求を象徴的に強いられ非難されている女性たちとはもちろん異なる限られた対象である。

さらに、バスルームが今この瞬間も「**透明性のある親密性**」を象徴している理由は、我々が日々そこでしているどんなことも、誰もがよく知っていて、充分に慣れ親しみありふれていることだからである。このようにして、恥と嫌悪の感情と同様に、アナリティーが人間の**親密性**という非常に高尚で抽象的な情緒の発達を促したことは確実である。

系統発生上で起きたあらゆることは個体発生においても繰り返される。言い換えれば、種の歴史上で起きたあらゆることが一人の人間の発達においても繰り返される。子どもがトイレットトレーニングの背景にあるロジックを理解できないのは、動物や原始人と同じく自身の排泄機能に対して恥や嫌悪の感情を抱くことがないからである。それどころか、大便は赤ちゃんにとって特徴的で象徴的な意味をもつ。なぜなら、大便は赤ちゃん自身の身体から生み出された初めての「生産物」であり、大人は皆、それに注意を傾け、大いに関心を示して、しばしば子どもにそれを出すか、我慢するかを懇願したり、脅したりする。大人がこうした関心を示すことから、その「生産物」には絶大な価値があるか、あるいは、周囲の大人にとって重要なものであるサインだと子どもが受け取るのは至極当然のことである。周囲が表す態度によって、赤ちゃんが抱いているこの情緒の度合いは増減し変動するであろう。そして大抵すべての子どもにすでに備わっている万能感を、病的に増大させることになる。万能感は、子どもが自身の生物学的な脆弱さを脅かす力強い大人によって主に支配されている、未知で恐ろしい環境から自身を守るために示す、最も重要な心理的防衛である。子どもは自身の弱さを隠すために万能感を使える状況がないか絶えず探していると同時に、本当は自分が支配しているというファンタジーを抱いている[1]。

しかし、子どもが両親の絶え間ない要求に屈することを決め、ようやく「ギフト」を差し出すことにし、多くの励ましや声援、手厚い世話によって後押しされ、ついに大便をトイレという正しい場所に預ける時に[5]、最大の驚きが起こる。子どもにとって信じがたい驚きは、その時、両親がそれを流してしまうことである！　そのような状況下で、子どもは完全に混乱し、自尊心を傷つけられ、屈辱感を味わうに違いなく、出産外傷と同等のショックを受けると考えられる。人間は必然的に社会化へと向かわざるを得ないという実存的なパラドックスがすべての子どもに投げかけられ、正しい場所に排便する必要性に対する大人の一定の関心（そして執拗に要求される課題を達成した時の子どもの誇らしい感情）と、大人があまりにも非情に「ギフト」を消すこととの間にあるひどい食い違いは、**すべての子どもが耐えなければならない最大**

の自己愛的外傷やプライドの本質的な損傷になると考えられる。一方で、古典的な精神分析の仮定はこの仮説とは異なり、男の子たちの主な自己愛的損傷が生じるのは、女の子たちはペニスをもっておらず、男の子たちも両親の要求に従わないとペニスを失う可能性があることを発見した時だとされている。前述のように、男子も女子もすべての子どもたちは、大便の本当の意味がもたらす恐ろしいフラストレーションを体験することを避けられず、その体験は、彼らの発達史において、現実から押しつけられる想像を超えた痛みを伴う発見であり、すさまじい疑念および疑惑の始まりとなる。つまり、大便は黄金のような大切なものではなく、ただの大便なのだという体験である。臨床精神医学においては、自分の「生み出す」ものすべてが大便であると信じている鬱の患者や、逆に「生み出す」ものすべてが純金であると信じている躁的なケースがよくある。

私が今述べたように、社会化のためには、すべての人間が完全な肛門教育あるいはトイレットトレーニングをきちんと達成することが特に要求されている。我々が皆承知の通り、もし子どもが括約筋の随意コントロールを達成していなければ学校に通うことができないし、大人も行儀のよいふるまい方（汚い言葉を使わない、鼻をほじらない、口臭に気をつける、かんしゃくを起こさない）を知らなければ社会的に受け入れられないであろう。しかし、括約筋のコントロールは、生物学的な機能によってのみ行われるのではない。少なくとも二つの想像上の

「心的な括約筋[II]（mental sphincters）」がある。一つは自己の内奥、つまり無意識と意識の間にあり、我々の内的なコミュニケーションを統制している。それは一種の道徳的な括約筋であり、自身の倫理的基準に従って機能し、容認できるものだけを通過させる一方で、望ましくないものを禁止、あるいは、より精神分析的な表現を使えば「抑圧」する。この内的な括約筋こそがすべての精神病理の起源であり、もしそれがあまりにもきつく搾られすぎると、(6)隠されたあるいは「抑圧された」パーソナリティの表出が誘発され、大きな苦しみや不安と同時に混乱を引き起こす自我の解離やスプリッティングが引き起こされる可能性がある。もう一つの心的な括約筋は、内的な自己と外界の間にあり、思慮深さおよび警戒心を示しながらコミュニケーションをコントロールし規制している。社会化の程度はこの機能をいかにうまく活用するかによって左右されるが、逆説的に、その中身がいかにとんでもないかを知りながらも、内的な自己に対して最大の自由を許容し、同時に、外界と共有する内容には注意深く目を光らせる。アラブの古いことわざでは、「言葉が自分の口の中にある間それらは私のものだが、ひとたび口から外に出てしまうと私がそれらのものとなる」と言われている。

後述するが、人間の創造性のかなりの部分を犠牲にする危険性があるにもかかわらず、肛門活動は人間の機能の中で最も抑圧に苦しめられている。次の章では、肛門とヴァギナの機能の区別を試みており、女性が自身のセクシャリティの充分なコントロール、自己充足感、ほどよい自尊感情を得たいと望むならば、その二つを区別する概念を確立することは非常に重要である。

《原注》

Ｉ　すべての赤ちゃんは通常「無力」を体験し、成人のより大きな身体的力とは対照的な虚弱さを補償する心理的防衛として「万能感」の状態を持ち合わせている。それは現実を正反対に変え、赤ちゃんの明白な脅威を心的に中和するのを助ける進化論的錯覚である。この現象はよく観察されることであり、たとえば誰もが目撃したことがあるであろうが、小さい赤ちゃんはベビーベッドの中からしばしば物を繰り返し床に落とし、大人にそれを拾い上げさせ、何度も何度も落とし続けては自分に返させるエンドレスのゲームが大好きだが、大人はそれに付き合いきれない。後に子どもが歩けるようになると、物をベビーベッドから投げる代わりにおそらくバルコニーから投げるため、この同じゲームが悲劇に変わる。大人がそれを取ってきて戻すまで、子どもは戻ってこないおもちゃを見下ろし指差して痛烈に泣く。ひとたびそのおもちゃが手の内に戻ってくると、子どもは再びバルコニーへ走っていきそれを前と同じようにして、このとんでもない行為に再び泣き出す。子どもたちは心の中では、おもちゃが大人によって戻されたのではなく、絶対的で万能的な力を使って自身が戻したのだと完全に信じて疑わない。

Ⅱ　「スフィンクス」[7]という言葉の語源はギリシャ語で「搾ること」を意味する括約筋を表し、おそらくスフィンクスがその犠牲者から真実を搾りとろうとするところからきている。スフィンクスは半分女性、半分ライオンの神話上の怪物であり、どの旅人にも謎の解答を要求する。「朝は四本足、午後は二本足、夜は三本足で歩く動物は何だ？」。答えは人の成長と発展であり、赤ちゃんの時はハイハイし、成長すると二本足で歩き、その後老齢になって杖が必要になることを表している。かつてエディプスが答えを言い当てた時、スフィンクスは絶望し崖から身を投げ自殺した。この神話の象徴的な意味としては、人は発展するにつれ、恐怖のために真実を「搾り」出して自身に嘘をつく代わりに、代償を恐れず、人生の真実や絶対的な確実性に直面しなければならないことを暗示していると考えられる。

《訳注》

1　一八六四―一九三六。スペインの学者、著作家。当時の最も有力な思想家の一人で、スペインの精神革命を志す「一八九八年の世代」の指導者であった。（加藤周一・編『世界大百科事典　改訂新版』平凡社、二〇〇七）

2　一八八一―一九五五。フランスの古生物学者、カトリック司祭。現代における代表的なキリスト教思想家の一人で、進化論的宇宙論とキリスト教の信仰内容とが完全に一致するとして、現代自然科学の成果とキリスト教の統合を試み、キリスト教思想に多大な影響を与えた。（フランク・B・ギブニー・編『ブリタニカ国際大百科事典　第3版』一九九五、ティビーエス・ブリタニカ）

3　alter：castrate（去勢）の遠回し語でもある。

4　assless：ass + less。①without anus、②devoid of sexual intercourse。ass は通常「頑固な人」「最低のやつ」「馬鹿」を意味するが、俗語では「尻」「女性器」を表す。

5　原著で deposit という単語が使われていたため、「落とす」や「置く」ではなく「預ける」とした。

6　「搾る」には「搾って出す」意味と「筋肉をすぼめて出さない」意味とがあり、この場合は前者を指す。

7　人間の頭とライオンの胴体をもった怪獣。ギリシアの伝説ではスフィンクスを蛇女エキドナと犬のオルトロスの子とするもの（ヘシオドスの『神統記』）、テーバイ王ライオスの娘（庶子）とするもの等があり、最も有名なものはオイディプス（※本著では「エディプス」）伝説の一部を成している。これによるとスフィンクスは女神ヘラによってテーバイ西方のフィキオン山に置かれた。このスフィンクスは旅人に謎をかけ、解けない旅人を食ったという。このスフィンクスによってテーバイの国は危機に陥っていたが、オイディプスがこれを解いて怪物を退治し、秩序を回復したのである。ギリシャのスフィンクスは、男性として表される場合もあるが、多くは美しい顔と胸をもつ有翼の女性として表されており、これがメソポタミアの影響を受けたスフィンクスであることを示している。スフィンクスは中世にはほとんど忘れ去られていたが、近代の美術や文学ではしばしば「問い」「悲しみ」「男に挑む女」等の主題のもとに再登場した。（加藤周一・編、前掲書、参照）

第10章 肛門空間、子宮空間

女から生まれた者がどうして清かろう。
ヨブ記二五：四(1)

女性たちの過度の性的抑圧は、その女性たちの母親が示した態度に由来する。私は二つの理由により、父親よりもむしろ母親の影響を受けていると思っている。第一に、幼い頃は、母親と自然に密着しているため、日常生活では通常、父親よりも母親の保護下にある。第二に、母親は娘とより同一化し、その結果、母親はさらにコントロールする権利があると感じる。母親の方針次第で二つの異なる可能性がもたらされる。それは、分化、自由、自立、高い自尊心や創造性、もしくは反対に、統制、支配、依存、恐怖、不安定、共生である。母親は無意識の奥深くで、二つの異なる世界における、二つの方向に向かう。そのうちの一つは現実に支配され、もう一つは空想に支配されている。私は、空想が、悪く、危険で、無視すべきものという意味で述べているのではない。我々が現実と混同した願望や夢に永久にからめとられ続け、空想の中で生き続け、それがあたかも現実であると思い続けるのではなく、空想を現実に変えることを望むのならば、そのために空想を活用することができると私は強調しているのである。私はここで極端な話をしていることをわかっているが、我々は皆、世の中は白黒だけではなく、その間には幅広いグレーゾーンがあることを知っている。空想は単なる夢であるのに対して、現実は行動そのものである。たとえば、白昼夢に大部分を支配された内的世界は、停滞した世界であり、無意識に支配され、母親の願望に永遠に張り付いていることが絶対に必要であり、その母親の願望のもとでは、成長、自発性、決断、活動、そして願望充足の実現を望む傾向は、卑猥《ひわい》で、危険で暗黙に禁じられている。

人間は概して、この二つの対峙する世界に弁証的にとらわれ、進化するが、二つの世界はコインの表裏のように一体なのである。一つの側面は、**今、ここで**という、ある特定の空間と時間に制限がある拘束された次元である。もう一つの側面は、**どこでも、いつでも**という、時間や空間のない、ばらばらな世界であり、夢やファンタジーを構築する時にのみ役立つ。この二つの間では均衡が保たれており、たとえば起きている間でさえ、脳の一部は夢を見続けており、少しの間目を閉じれば、暗闇の中で自由に動き、小刻みに揺れる無数のイメージを見ることができるのである。同様に、眠っている間にこういった奇妙なイメージが我々の心を占め、ついで夢を紡ぐ時に、脳の一部は警戒し、ただ夢を見ているのだと気づかせるために、巡視を続ける。たとえば、所定の時間になったり、聞き慣れない音が聞こえたりする時に我々は目覚めるであろう。これら二つの世界が混ざり、混乱する時にはたとえ一時的であろうと、慢性の心的状態であろうと、精神病や狂気が生じる。たとえば、精神病患者は自身が覚醒状態にあると夢見ることができるが、それは薬物による障害が現実を把握する力を失わせ、ばらばらの夢の世界の中に埋没させるからである。一方、我々が寝ている間に巡視する脳の一部が眠りに落ちると、夢の素材が現実と混同され悪夢が現れる。その時、夢の内容に関わらず、我々は見ているであろう夢はどんなものでも絶対に真実だと感じたその瞬間に不安が現れ、目覚める。

外的現実の制限とは対照的に、夢は時間、空間、象徴的な論理から完全に解放された、つながりのないとんでもない世界を我々の意識にのぼらせる。無意識下では不可能なことはなく、まさに星座や天文学の世界のように、どこが上でどこが下かといった基本方位もない。幼少期には無意識がまさに表層にあり、ファンタジーは、子どもが自分たちを取り巻く宇宙を理解するための決定的な役割を果たす。たとえば、子どもたちは母親が口からたいらげた食べ物により妊娠するとイメージするかもしれないし、出産は肛門から行われるものだと考えるかもしれず、フロイトはこのつながりから、子どもたちの思考では、赤ちゃんと便が無意識的に関係していると確信した。

私がすでにこれまでの章で述べてきたように、母親は社会化のメカニズムから受けるプレッシャーにより、一連のトイレットトレーニングに非常に重きを置くようになり、その結果子どもは母親と大便を直接的に関連づけ、パワフルな母親を制圧するために排便を万能的支配の手段にする。母親が子どもの大便という生産物を重要視すればするほど、大便の万能感と理想化は増大する。

大便を生産する肛門と、子どもたちを生み出すヴァギナは解剖学的には密接しており、無意識の深層では発達的な混乱が生じるのだが、肛門とヴァギナの機能がかなり対照的であることは明らかである。

ひとたび卵子が精子に出会い受精すると、生命は驚くほどの執拗さで母親の内臓の奥深くをつかみ、子宮の内部で胎児が形作られ、九カ月の終わりに容赦なく生み出されるまで、絶え間なく変化を続ける。要約すればこのようになる受精と妊娠の一連の複雑なプロセスは、運命づけられた時間の流れにぴったり合っているので、**子宮はまぎれもなく時間の先駆者**

(harbinger of time) であると結論づけられるであろう。母親と赤ちゃんの自然的・共生的・内的な融合は、出産の際に粉々に砕かれ、赤ちゃんは母親とは異なる別の新しい人間になり、独立した個人へと成長するであろう。体内にいる胎児から体外にいる生物を生《な》し、母親と子ども、あなたと私、内と外の二つを分けることにより、**子宮は空間の先駆者（forerunner of space）にもなる**。

母親の愛は（父親の愛も同様）悲劇的であると、エーリッヒ・フロム(2)（Erich Fromm）（1941）は述べたが、それは母親が子どもを愛すれば愛するほど、母親は子どもが離れること、分離することを望むからであり、一方で女性と男性との愛は反対に、お互いを愛すれば愛するほど、一緒に居続けることを望む。自身の子宮の機能を適切に識別している女性たちは、暗黙の悲劇が含まれていても成長と分化をもたらす。

一方、現象学的には、肛門の機能は子宮とは全く異なるものであり、肛門は子どもの代わりに大便を生み出すだけでなく、目的を反転させ、意志の力によりその生産物を保持し続け、子宮とは異なり**時間**や**空間**を作り出す可能性を否認することもできる。「統制」や「保持」への強烈な欲求は、フロイト以降に肛門期の特徴として知られるようになり、精神病理学でいう「肛門保持性格」を成す。

母親がわが子と分離する際に生じる痛みと直面する時、無意識的防衛として、わが子の依存性を誘発し、分離の心的過程を停止させるために、心理的保持や過保護というメカニズムを使うことがある。通常両親はこれらの欲求を処理し、最終的には子どもたちの要求に応じることができる。しかし病的な場合には、保持のメカニズムは極端になり、困難な状況が作り出されるほど、分離が脅威となって、精神病さえも引き起こしうる。自分の母親役割にきちんと同一化している母親は、「子宮の」赤ちゃんを象徴的に生み出すだろうが、その一方で、女性性への同一化が乏しく恐怖と不安を感じている母親は、「肛門の」赤ちゃんを象徴的に生み出すだろう[1]。

神経症圏における無意識の中核には、常に時間と空間の混乱という共通の特徴がある。たとえば、時間について言えば、過去の出来事は永続的で、常に脈々と存在しているかのように感じられる。つまり、前に起こったことが、今もまだ続いているのである。一方、空間の混乱は、内側にある感情が外側に投影され、あたかもそれが本当に他者の感情であるかのように経験されるか、もしくは反対に、パラノイアの本質とも言えるが、他の人々の思考や感情が自身の情動として経験されることを意味する。

簡易化しすぎているのかもしれないが、私は概して健康的で正常な行動は子宮タイプの構造と関連しており、一方で、病的な行動は肛門タイプの固着に由来するだろうと考えている。共生は、保持や統制、あるいは肛門的相互作用と結びついているが、自立は、放出（releasing）

や解放（emancipation）、そして自由化（liberation）と関連している。**結局、子宮は排出するが、肛門は絞り出すのである。**

母親が娘の方に同一化しやすいことは明らかであり、なぜなら、結局のところ母親と娘の身体は似ており、よく知っている、なじみの体つきだからである。それと同時に、母親は息子から離れる傾向にあり、息子も同じ子宮から生まれたにもかかわらず、まるで別の人種であるかのように、異なる奇妙なものとして体験される。この無意識的選択は、男の子たちが母親固有の引力から脱却し、父親に同一化することを促進する。この選択はまた、女の子たちの依存性を高めるだろうし、これが際立った時には彼女たちの心理的共生を助長するかもしれない。このの**インプリンティングの力**は、その後娘たちへと引き継がれるが、それを息子たちはその父親と同じように離れたところから目撃し、彼らが欲し望んでいるものに強い憧れを抱くが、それは彼らの外側にだけあると気づくのである。母親たちは簡単に、そして自然に娘に同一化し、あたかも娘たちの身体に対する管轄権があるかのように感じる傾向にあるため、母親は息子たちよりも娘たちの親密な関係に干渉し、管理する。セクシャリティを抑圧すればするほど、自身の身体や欲望をコントロールして自由に探求したり、探索したりする可能性がより制限される。言い換えれば、若い女の子たちのマスターベーションは完全に禁じられているということである。私が会ったほとんどの女性患者は、主な葛藤の中核として、彼女のひそかなマスターベーションと、強烈な罪悪感や自責の念との間で強いアンビバレンスを示していた。マスターベーションはうまく隠され、守られる領域、もっと言うと要塞となるので、女性たちは秘め事の中核であると感じるが、いかにそれが普通でありふれたものであるか、一度も考えることはしていない。結局、ほとんどの女性たちが同じ原理と同じ恐怖を共有しているようにみえる。たとえば、女性たちが集まった時、彼女たちは男性たちとの性体験や、彼らのベッドでのふるまいはどうであるか、ペニスの大きさについてなどを遠慮なく話すかもしれないが、彼女たちの自慰的空想を口にすることはめったにない。さらに、女性たちには男性たち以上の、もしくはおそらく男性たちのものとは異なる性質の、ある種の防衛があることを私は見つけたが、それは脅威に直面した際に、敵の気を散らして逃げるために、揺れる尻尾を自切するトカゲを思い起こさせる。他の人の言うことや望むことに何でも迎合しようとするようにみえる女性に出会うと私はいつも、この八方美人的態度の背後に、彼女の隠された自慰的性的空想が暴かれる恐怖が存在するのではないかと疑わずにはいられない。

母親たちが娘たちと同一化することでしばしば母親と娘のパワフルな共生的結びつきが増幅し、娘は、母親の欲求に息苦しさを感じ、自由や、自己充足や、自律や、独立心を達成するあらゆる試みにしばしば罪悪感を覚えたり、停滞させられているように感じたりする。女性たちが幼く反抗的な状態から母親の立場へと、静かに、しかし確実に変容することはよくあることであり、それまで主張してきた信念は容赦なく伝統的で保守的な基準へと変化させられる。かつて両親の数々の働きかけを痛烈に批判したのだが、今や彼女たちの子ども（大抵娘たち）に同じように働きかけており、その当時抗議していたあらゆる不満や約束は今や完全に忘れられているので、あたかもこの変化の本当の理由が記憶そのものの問題であったかのようになるのである。

《原注》

I　妊娠中の女性の精神分析的治療を経て、私は妊娠中にみられる吐き気、嘔吐、頭痛などといった多くの症状が、母親の役割を果たすことにまつわる不安や恐怖といった感情と一致していることを確信した。母性は彼女たちの母親だけのものであり、妊娠し子どもを生む権利は他の誰にもないという無意識的信念がある。一方で、彼女たちは母親に対し無意識的な競争意識を抱いており、その報復心から、母親が彼女たちに行ったと感じている「めちゃくちゃな子育て」の代わりに、いかに赤ん坊に愛情を込めて育てるべきか、いかに「良い母親の役目」が果たされるべきかを、母親に見せつけたいという欲求がある。

《訳注》

1　『旧約聖書』（関根正雄・訳、一九七一、引用）

2　一九〇〇―一九八四。ドイツのフランクフルトでユダヤの正統派の家系に生まれる。新フロイト派として位置づけられるアメリカの精神分析家であり、社会心理学者。一九四〇年にアメリカの市民権を獲得。翌一九四一年に『自由からの逃亡』を出版する。フロムはフロイトの性愛論、女性論、リビドー論、本能論やエディプス・コンプレックスに反対した。そして、アメリカ社会や資本主義社会のもつ抑圧構造や神経症の形成を創造性の抑圧の観点から分析した。（小此木啓吾、北山修・編『精神分析事典』岩崎学術出版社、二〇〇二）

第11章　魔力

すべてのウィッチクラフト[1]は強い肉欲から生じ、
そして女性たちは肉欲を飽くことがない。
クレーマーとシュプレンガー（Kramer and Sprenger）、
異端審問官（『魔女の鉄槌[2]』一四八六）

魔術によって世界を理解することを必要としている多くの人々が、いかに古代の宗教書に現代の欲求と疑問への答えを求めているかを見ると、まるで時が止まっているかのようで興味深い。何年も前のことだが、当時五、六歳の長男と遊んでいる時に、私は自分の幼少期にやった

「手品(house magic)」を再びやろうと思い立ったのだが、新しいネタを披露するたびに長男が感動して飛びあがって喜んでいたのを今でも思い出す。しかし、ある時息子に種明かしをすると、彼ががっかりして床に身を投げ出して泣いているのを見て私は愕然とした。息子は、手品の隠されたメカニズムを理解したいとか、手品の手ほどきを受けたいとは少しも思っていなかったのだと、私が理解するまでに少し時間がかかった。彼が主に楽しんでいたのは、父親が物を出したり消したりする信じられない力をもち、無敵で万能だと考えることであった。彼は、すべてがただの嘘っぱちだと見破ることを脅威に感じ、おびえたのである。

この子どもが感じていることは、我々、他の人間にとっても、全くなじみのないことではない。我々が毎日不安にぶつかり、人生の絶え間ない要求に直面して無力感を味わわなければならない時、一つの頼みの綱として、自然界のアパシーや神の無関心の境地に達するような特別な力を、つい求めたくなる。そうでなければ、宗教への限りない渇望が、不死を求める狂信者に逆に死をもたらすという危険なパラドックスの理由を理解することができない。これは、いわゆるアイルランドにおけるカトリックとプロテスタントや、中東でのアラブとユダヤの果てしない戦争を指す。一時的にせよ、男性のインポテンツや脆さや有限性から引き起こされる恐怖が、命という彼らが有する唯一のものを失わせているようにみえる。たとえば、カラカス(3)は、他の多くのラテンアメリカの中心都市と同様に、犯罪率が高く、低所得層と富裕層の格差のある居住区が密接している都市である。その中で、豊かな人々が自らの命を危険に晒《さら》してでも貧しい人々から助けを得る必要があると強く感じ、大抵その通りにするという少なくとも二つの状況がある。たとえば、彼らは禁じられた時間に危険を冒して貧しく危険な区域である街のレッドゾーンに入り、違法な**薬**や**魔術**を手に入れるために、売人か、もしくは人気の魔女や魔術師を訪ねる。また、有力な新聞紙面の死亡記事欄でずいぶん前に亡くなった家族に宛てた長い手紙や詩が書かれていることもよくあり、まるで親族の心の中に、故人が新聞を読むために毎朝墓から出てくるというファンタジーがあるかのようである。

一般に女性は男性よりも魔術に傾倒しやすく、それは先祖伝来の傾向である受動性や依存性、ヒーローを作り出す欲求を反映しており、不当で個人を特定されない抑えつけられた空間から真の救世主が救い出してくれるという彼女たちの願望は、しばしば自慰的なファンタジーの特色である。これは、ロマンチシズム(4)に向かうすべての文化のすべての女性の変えがたい傾向の元になっていると私は考える。女性たちは、セクシャリティが自我に大きな負担をかけることを恐怖に感じるため、そのような責任や負担を負い、後見人を引き受けてくれる他の誰か、すなわち男性を必要とするのである。ロマンチシズムは罪悪感とつながっており、つまり女性たちが表面上純粋無垢であるというイメージの陰に隠れることなく、自身のパワフルなセクシャリティを表立って行使する恐怖とつながっている。女性たちは、男性より無力でインプリンティングの力への罪悪感を感じているため、一般に宗教や魔術により強く引かれる。加えて、彼女たちは母親が望むとおりの「純粋無垢なかわいい女の子」すなわち「大きな悪いオオカミ」に捕まえられる「赤ずきんちゃん」という特別な立場を失うことを恐れている。[1] 女性たちは、男性たちよりも自己への要求がより高く、自己批判をしばしば強く意識しているようにみえる。たとえば彼女たちは、清潔さ、外見、秩序、完璧さ、デートの約束などに関して要求が多く、それは人生の非常に早い時期から存在する。この違いは、小学校での男子と女子の練習帳の使い方や、後年になり女性たちがあらゆる記念日を覚えているという能力にみられる。そのような自己への要求が拡大すると、しばしば生じることであるが、女性たちは以下のようないくつかの原因に伴う結果として、罪悪感と不安を感じる。

- 前述した、インプリンティングの力、女性たちの身体の力
- 一孔仮説。つまり、肛門とヴァギナの機能の混乱
- 母親の娘への同一化と、特にマスターベーションに対してより強固な性的抑圧を行使する傾向
- 毎月の月経や妊娠のリスクなどといった生物学的要求

ヨーロッパの国々とは異なり、近年のアメリカで我々が目にするのは、魔術や、死後の世界から魔法によって生き返ることや幽霊や時間の崩壊やＥＳＰ、[5] 念動、テレパシー、千里眼、予言のような特殊な力にまで及ぶ幅広い内容の映画の増加であり、それらは公衆に対して特に強烈にアピールしてきている。この種の「神話」を作り出そうとする特別な欲求やそれを見たがる傾向は、産業国のほとんどの人々が日常的に直面している、困難で不満やストレスの多い退屈な生活と、直接的に関連していると私は空想する。人生があまりにも予測可能で同じことの繰り返しで、まとまりすぎて退屈になっているため、厄介な事態を招き、必要なはけ口として魔術や秘儀的な力が求められているのであろう。[II]

統計的に青年期の妊娠が明らかに増加しているのは、性交時に必要な予防が行われず、「なすがままに流され」ていることが理由であり、現代の少女たちは性生活や職業について、とても責任感があるようにみえるけれども、実際はただ純粋に魔術を信じ、短絡的な願望充足に走り、神に捧げた力によって、すべてが期待通りになると信じているだけのことと私は考える。

そういった魔術への欲求は、有史以来、すべての文化に常に存在してきたが、科学の絶え間ない進歩により、おそらく昔に比べて今の方が減少しているであろう。頭のない騎手や、[6] 幽霊の宝守りのような有名で普遍的な亡霊の消滅はよい例である。かつて、エジソンの偉大な発明である電気は夜を照らし、これらの気味の悪い幻影（spooky vision）のほとんどを永久に消し去った。しかし、幻影たち（phantoms）は、魔術に対する人間の強い傾倒だけではなく、ブッダ[7]、ムハンマド[8]、モーセ[9]、イエス・キリスト[10]や聖母マリア[11]のような地上の人間を理想化し崇める傾向によってももたらされる。このため、彼らを普通の人間のように一般的な論理に照らして検証することは、筋違いと考えるのである。たとえば、アメリカを発見した有名なクリストファー・コロンブス[12]のような、論争の的となりづらい個人について考えてみよう。彼は、地図作成者の娘と結婚することにより当時の世界海図を入手しようとして、それまでの妻と離婚し、さらに、一人息子のディエゴを無期限にラ・ラビダ修道院に引き渡して、自分の事業にひたすら専念したいという欲望を妨げられないようにした。もし正常性を、受け入れやすい平均的な市民の行動に従って定義したならば、コロンブスは倫理的な手本にもならず、高い道徳規範ももっていない。教養人が皆、海は完全に平らで、地球の端からはかりしれない空洞へ落ちると考えていた時代に、正気であれば、誰が得体の知れない前科者たちと、これまで決して誰も危険を冒してまで漕ぎ出さなかった場所へ帆船で冒険に出たであろうか？　今日に至っても、正常な人間なら、自分たちの仕事や政治や家族、あるいはどうやって宝くじを当てるかの方により関心があるであろう。

たとえば、私はコロンブスがジェノバで酒場に入っていき、ドアを開けると同時に、誰が来たのかと他の客が振り返り、ささやくところを想像することができる。「おい、ジュゼッペ、今来た奴を見ろよ。あいつはコロンブスだ。見つかるな、目を合わすな。もし奴が俺たちを見たら、ここに来て地球が丸いとか、西に進むとインドに行けるとか、いつもの話をするだろうが、全部たわごとさ。お前に言ってるんだよ、おい、俺はもう耐えられない……聞けよジュゼッペ、駄目だ、奴がこっちに来る、くそくらえ……」。コロンブスがやって来て、「やあ諸君、元気かい？　何を飲んでいるんだい？　僕の企画は今や完全に準備が整ったので、ポルトガルの賢王が大喜びしたことを話したっけ？　僕たちが西に向かって航海すると、東の端に着くって知っているかい？」。全員黙り込む。

一方で、歴史が尋常ではない男性たちによって決められてきたのも真実である。たとえば、ユリウス・カエサル(13)が二十三歳になった頃、同じ年齢のアレキサンダー大王(14)は世界を征服していたが、「一方、彼カエサルは何も成し遂げていなかった」ため、苦い思いをしていた。良いか悪いか、利己的か利他的かの理由は別として、そのようなある程度の異常なまでの頑固な志や不朽の名声への固執が、アレキサンダー大王、ユリウス・カエサル、ナポレオン・ボナパルト(15)、シモン・ボリバル(16)、イエス・キリストやアドルフ・ヒトラー(17)を、歴史に名を残す方向に導いたことは間違いない。

スペインのイサベル女王(18)が、コロンブスの旅の資金を得るために宝石を売ると決めたのは、彼女に科学への興味や知識があったからではなく、また、未知の大洋や未発見の島への学識から地球は完全な球形であると信じて疑わず、それは違うと考えた当時のすべての学者たちはまぬけの集まりであると強く確信していたからでもないと、私はうすうす感じている。おそらくこの気の毒な女王は、王室の責任や、異教徒のムーア人[19]や他の王国との果てしない戦争、また、彼女の娘ファナ[20]（「きちがい王女［La Loca］」）の統合失調症や、夫フェルナンドとの結婚上の問題に完全に打ちのめされていた。おそらくそうした状況の中で、コロンブスの絶え間なく繰り返されるしつこい要求に、もはや耐え切れなかったのであろう。今日ですら、ばかげてみえる見知らぬ者の事業に投資する金を手に入れるために、女性が宝石をあきらめると誰が想像できるであろうか。とても多くの問題を抱えていたイサベルが宝石を売って金を与えたのは、コロンブスを厄介払いするという唯一の目的のためだったのではないかと私は考えている。

結局、当時のほとんどの学者が、地球は牛乳の海で泳ぐ巨大な亀の背中にいる四頭の象の上に乗っており[21]、完全に平らであると結論づけていたとするならば、イサベルは未知の世界やはるかな大洋についてどんな情報をもっていたのであろうか。イサベルがサンタマリア号やその他の船と共に牛乳の海の底に失踪したコロンブスについて空想し、数カ月もの平穏な生活を送っていた頃に、本人が地球の反対側から戻ってきたと報告を受けたときには、彼女はさぞ困惑して耳を疑ったに違いない。アメリカ[22]にコロンブスの名前がつかなかったのは、彼が発見したわけではないからである。彼は**でっちあげた**だけである。

我々が神を信じているのには二つの理由があると思う。**伝統**の継承としての理由や**取引**の手段としてである。私が伝統という言葉で表しているのは、ただ両親がその信仰をもっていたから、これらの信仰を純粋に模倣して取り入れるというように、言われたことを何でも疑問をもたずに繰り返す我々の態度のことである。また、無限性や死の恐怖や人生の重大な謎に直面すると、我々は取引に訴える。たとえば、キリストが神であったとしたら、彼の英知や偉大なヒューマニズムに我々は驚かないはずであり、結局どんなことも神にとってはごく簡単なことに違いない。しかし対照的に、彼が我々と同様に単なるもう一人の死を免れない人間であったとしたら、彼のはかりしれない感性と知性は最上級の承認と深い賞賛に充分に値するため、時の終焉まで彼の名が人類の口の端に上り続けるであろう。つまり、もし、キリストが一人の人間であったならば、歴史は異なる形で伝えられたであろう。キリスト教が世界中に自らを非常にうまく売り込むことができた[III]理由の一つは、よりよい正義やよりよい死後の「人生」の可能性を人々に第一に提示したことである。最も重要なのは、告解(23)の機会が与えられ、博愛主義的で包容力のある赦しという枠組みが不眠不休で提供されたことで、どんなに深刻な罪であっても、我々はいつでも罪から免れることができるのである。そしてもちろんイエスの偉大さを伝える一つのデモンストレーションは、彼が自身の信条と教えに従って、まさに信じるもののために死んだことである。彼が恐れることも自身を守ることさえもせずに死んだのは、死後のよりよい公正な世界について彼の言ったことがすべて本当であることを証明するためであった。死ななければならないことは、真の問題ではなく、おそらく最も難しい課題は、真実の永遠性、つまりキリストの身体の消滅を要求する信念の真正な証明として、キリストを天国に昇天させることであった。この出来事はあまりに決定的な影響を与えるために、偶然性に任せられず、磔《はりつけ》が行われるずっと前から注意深い計画が必要であった。私が思うに、聖書は我々にいくつかの手がかりを与えている。

- キリストは、ベツサイダ(24)で生まれた漁師のシモンを「呼び」、彼の名前を「石」(25)を意味するギリシャ語の「ケファ」もしくはペトロ(26)に変えた。石には二つの性質があり、固いだけでなく、沈黙を守るものであると私は考える。
- ある時、キリストは、ペトロは石でありその上に教会を建て、彼に天国の鍵を与えるつもりであると言った（マタイ福音書一六：一七―一九）(27)。キリストは、ペトロの沈黙を守り続ける能力に対して感じた絶対的な信頼の上に、教会を建てるということを意味していると我々は解釈できる。
- キリストが磔の前に、ペトロに三回否認するよう求めた目的は何だったのであろうか？ペトロが嘘をつけるか、そして、純粋な服従からそうするかを見るために、テストをしたのであろうか？

また、キリストが地上のペトロが言うことは何でも、天国の彼が言うことであるとも言ったのは、おそらくペトロが嘘をついた時でさえも、常に真実を話しているということを言いたかったのであろう！

キリストが友人であり弟子であるペトロに、彼の遺体を隠すという背筋が凍るような任務を引き受けるよう頼んだことを想像してみよう。おそらく、ペトロは漁師だったため、遺体を海に投げ入れることができ、実際にそうしたことで、師は天に昇ったと明確に証明できたのである。結局、ペトロは、ヤコブ[28]とヨハネ[29]の兄弟と共に「権力中枢部の派閥」を形成し、イエスがヤイロ[30]の娘を死から蘇らせたのを唯一目撃し、昇天するキリストの最初の目撃者にもなった（ルカによる福音書二四：三四、コリント人への第一の手紙一五：五）。もしイエスにとって自分の信じるもののために死ぬことが苦難であったとするならば、決して誰にも明かすことのできない秘密をもったまま残りの人生を過ごすことを運命づけられたペトロの苦難は二倍であったに違いないと私は考える。ペトロは、寝ている間に秘密を漏らしたり、その偉業により自分が主から選ばれたということを友にひけらかしたい自己愛的な誘惑にかられる恐れを抱きながら、眠れぬ長い夜を過ごしていたのであろうと我々には想像がつく。もしくは、酒を飲みすぎて酩酊し彼に負わされた使命に背いたり、あるいは、世界で一人だけそのような責任を負う、ひどく深刻な孤独の重圧から解放されたいという実存的欲求によって、妻と使命を共有してしまいそうな極度の恐れもあったかもしれない。私が思うに、ペトロの真の受難は、**沈黙**を守るもののはかりしれない絶対的孤独である。結局、共有されえない秘密など何の役に立つのであろう？　要約すると、女性たちのアイデンティティに反する、自尊心を低下させる共謀にはいくつものパラメーターがあり、我々はそれについて考えるべきである。

- 母親の娘への同一化と、娘のセクシャリティ、特にマスターベーションをコントロールしようとする欲求
- 排泄とオルガスムの機能の間での、ヴァギナの役割についての混乱
- 女性たちのインプリンティングの力に対する罪悪感
- 不在という無意識的感覚を作り出す隠された女性器

私がこれまでの章で細かく検討した、方向性を見失うすべての事態は、女性たちから自身の権利を騙し取り、高い自尊心と安心という内的感覚を彼女たちが構築する可能性を妨げている。そのような不確かさは、女性たちが外界に答えを探したり、男性の特権を理想化して羨望した

り、女性たちの特性を攻撃して傷つけたりしようとする欲求を引き起こしている。そして、男性たちに依存し、盲目的に自らを差し出して「なすがままに流され」、救世主を信じ、魔術に頼る欲求を増大させている。私は決して魔術が女性性と同義とは思わないが、女性たちが男性たちよりもしばしばこの類の答えに頼りがちだというのは全くその通りであると思う。[Ⅳ]

《原注》

Ⅰ　ある連載漫画には、誰かが赤ずきんに近づき、「赤ずきんちゃん?」と声をかけるが、彼女は、怒りながら「いいえ、大きな悪い狼の妻よ」と答えるというものがある。

Ⅱ　青年期の自殺の発生率は、赤道付近に多い第三世界よりも、大抵北方のような工業化された国々の方が高い。私が思うには、北国の長く過酷な冬が決定的な要因であろう。なぜなら、このような脅威は南の国には存在しないからである。冬は生命自体が危うくなるため、組織化や注意深い長期の計画を必要とする。南国の文化では、気候があまりにも穏やかであるために思いつきで行動してもさほどの危険はなく、組織化は必要不可欠というほどではない。たとえば、ラテンの国々のほとんどの政治家は、権力を手に入れると常に「誇大妄想」にとらわれ、何であれリサーチやマーケティングなしで行き当たりばったりに億万単位の事業を始め、それらは彼らの任期が終わってもしばしば未完成である。次の政治家が指揮権を引き継ぐと、彼らもまた、自身で何かを作り出し、「痕跡」を残したいという強い欲求にかられ、億万単位のプロジェクトを始めるために、前任者が始めたことは何であれ速やかにお蔵入りにしなければならない。シシフォス(31)の神話のように、やるやらないを絶え間なく繰り返していると、退屈する暇はなく、たくさんの新しいものを作るというとても「うまみの多い」希望が絶え間なく提供され、自殺するような暇はほとんどない。これはもちろん北方の文化とは異なり、北方では注意深い計画と継続的なメンテナンスが必要で、思いつきのものは許されない。北方の青年は、あらゆることがすでに「行われている」という宿命論的な事実を発見し、大抵自分は役に立たないと感じ絶望する。

Ⅲ　一方ユダヤ教は、改宗させるというよりも差別することが常である。

Ⅳ　ナンシー・フライデーの *Woman on Top*（1991）を参照。

《訳注》

1　witchcraft：魔法、妖術、魔力。

2　十五世紀半ばに至ると、もっぱら魔女の異端性を論証する魔女論が出現するが、なかでも代表的なものとして、『魔女の鉄槌』（原文ラテン語では Malleus Maleficarum、英語では The Witch Hammer）がある。これはドミニコ派修道会の二人の道士、ヤコブ・シュプレンガー（一四三六―一四九五）とハインリッヒ・インスティトリス（またの名はクレーマー：一四三六―一五〇五）が書いたもので、魔女狩りの聖典として魔女裁判官によって重宝視され、「この世のなかで最も恐ろしい書物」（クルト・バッシュビッツ）と評価された。最初の版には発行地も刊行年も、出版社も記されていなかったが、同書はその後、ドイツを中心にヨーロッパ各地で印刷された。これには二つの時期があり、第一期は一四八六年から一五二〇年まで、第二期はそれから約半世紀後の一五七四年から一六六九年までであった。同書が特にプロテスタント諸地域で重宝されたこと、また、第二期の約一世紀が魔女狩りの最盛期、ヨーロッパ寒冷化の時期とぴたりと一致しており、同書が最も求められた時期であったことは明白である。（フランク・B・ギブニー・編『ブリタニカ国際大百科事典　第3版』ティビーエス・ブリタニカ、一九九五）

3　Caracas：ベネズエラ（Venezuela／南米北部の共和国）の首都。

4　Romanticism：ロマン主義。十八世紀末から十九世紀初頭に起こった擬古典主義に反対し熱烈な感情を謳《うた》おうとする主義。

5　extrasensory perception：超心理学の用語。普通の感覚では感じられない刺激を感じることであり、精神感応（テレパシー）・予知・透視などの総称。超感覚的知覚。（松村明・監修『デジタル大辞泉』小学館、二〇一〇）

6　アメリカの民間伝承にあり、アメリカの作家ワシントン・アーヴィングの短編小説『スリーピーホロウの伝説』にも出てくる架空の人物。

7　釈迦牟尼《しゃかむに》、仏教の開祖。世界三大聖者の一人。紀元前五世紀ごろ、インドの釈迦族の王子として誕生。二十九歳で宗教生活に入り、三十五歳で成道した。四十五年間の布教ののち、八十歳の二月十五日入滅。釈尊。釈迦如来。釈迦。（松村明・監修、前掲書）

8 五七〇頃—六三二。イスラム教の創唱者。メッカに生まれ、神アッラーの啓示を受けて伝道を始める。厳格な一神教を唱え、偶像を厳しく否定したため迫害を受け、六二二年にメジナに移り、イスラム教団発展の基礎を確立。六三〇年メッカ征服の後、勢力はアラビア半島全域に広まった。（松村明・監修、前掲書）

9 前十三世紀ごろのイスラエル民族の指導者。旧約聖書「出エジプト記」によれば、神の啓示によりイスラエル民族を率いてエジプトを脱出し、神ヤーウェ（※本著ではヤハウェ）との契約により「十戒」を授けられ、四十年間、アラビアの荒野をさまよったのち、約束の地カナンに到達したが、彼自身はヨルダン川を渡らずに死んだという。（松村明・監修、前掲書）

10 前四頃—後三〇頃。キリスト教の始祖。パレスチナのナザレの大工ヨセフと妻マリアの子として生まれた。三十歳頃バプテスマのヨハネから洗礼を受け、ガリラヤで神の国の近いことを訴え、宣教を始めた。ペトロなど十二人の弟子と活動を続けたが、ユダヤ人に捕らえられローマ総督により十字架刑に処せられた。その死後三日目に復活したと確信した弟子たちはイエスをメシア（救世主）と信じ、ここにキリスト教が始まった。イエズス。キリスト。ジーザス＝クライスト。（松村明・監修、前掲書）

11 イエスの母。新約聖書によれば、夫ヨセフと婚約中、天使ガブリエルの告知を受け、聖霊により処女懐胎し、イエスを生んだ。カトリック教会および東方正教会において聖母として崇拝される。サンタ＝マリア。（松村明・監修、前掲書）

12 一四五一―一五〇六。イタリア生まれの航海者。一四九二年、スペイン女王イサベルの援助を得てアジアをめざして大西洋を横断、サンサルバドル島に至る。以後三回の探検によって中央アメリカ沿岸を明らかにしたが、そこをインドの一部と信じ、新大陸の全貌を知らずに死亡。（松村明・監修、前掲書）

13 前一〇〇頃―前四四。ローマの将軍、政治家。ポンペイウス、クラッススと第一回三頭政治を結成。ガリアを平定したのち独裁者となるが、共和派によって元老院内で暗殺された。文人としてもすぐれ、『ガリア戦記』『内乱記』などの著作がある。シーザー、ケーザルとも読む。（松村明・監修、前掲書）

14 前三五六―前三二三。マケドニアの王。

15 一七六九―一八二一。コルシカ島生まれ。砲兵将校としてフランス革命に参加。イタリア派遣軍司令官として勝利を得、一七九九年のクーデターで執政、一八〇四年皇帝となる（ナポレオン一世：在位一八〇四―一八一四）。ヨーロッパを征服したが、対英封鎖に失敗、ロシア遠征にも失敗。一八一四年退位してエルバ島に流される。翌年帰国し、皇帝に復したがワーテルローの戦いに敗れ、セントヘレナ島に流されて没した。ナポレオン法典の編纂、教育制度の設立など、近代化に功績を残した。（松村明・監修、前掲書）

16 一七八三―一八三〇。ベネズエラの政治家・将軍。南米の独立闘争指導者。一八二五年にボリビア共和国を創建。

17　一八八九―一九四五。オーストリア生まれ。ドイツの政治家。第一次大戦後、ドイツ労働者党に入党、党名を国家社会主義ドイツ労働者党（ナチス）と改称して一九二一年に党首となった。一九二三年、ミュンヘン一揆に失敗して入獄。世界恐慌による社会の混乱に乗じて党勢を拡大し、一九三三年に首相、翌年総統となり全体主義的独裁体制を確立。侵略政策を強行して、一九三九年第二次大戦をひき起こしたが、敗戦直前に自殺。著作に『わが闘争』がある。（松村明・監修、前掲書）

18　一四五一―一五〇四。カスティリャの女王（在位一四七四―一五〇四）。アラゴンの王子フェルナンド（一四五二―一五一六）と結婚し、一四七九年夫のアラゴン王即位により統一スペイン王国が成立、夫妻で共同統治を行う。一四九二年イスラム教徒のグラナダ王国を攻略して国土回復を完成。コロンブスの新大陸到達を援助した。（松村明・編『大辞林　第三版』小学館、二〇〇六）

19　Moorish／Moor：モロッコ・モーリタニアなどアフリカ北西部に住み、イスラム教徒でアラビア語を話す人々の呼称。本来はマグレブの先住民ベルベル人を指したが、十五世紀ごろからはイスラム教徒全般を指すようになった。（松村明・監修、前掲書）

20　一四七九―一五五五。イサベル一世とフェルナンド二世の間との次女。姉と兄の死により、カスティリャとアラゴンの王位を継承した（在位一五〇四―五五）。女性問題の絶えない夫フィリップへの嫉妬が高じて精神に異常をきたした。一般に「きちがい王女ファナ」（Juana la Loca）の名で知られる。（加藤周一・編『世界大百科事典　改訂新版』平凡社、二〇〇七）

21

（『Newton 別冊』二〇〇七、ニュートンプレス）

22 イタリアの航海者・商人のアメリゴ - ベスプッチ（Amerigo Vespucci：一四五四―一五一二）のラテン名アメリクスにちなみ、アメリカと命名された。（松村明・監修、前掲書）

23 Confession：洗礼を受けてすべての罪が赦された後に、大きな罪を犯した場合に、キリストの弟子の後継者である聖職者のもとに行って罪を告白し、許しを望むようになった。罪のゆるしを願うキリスト者は、①心から悔い改めて、②権限を与えられた聖職者に罪を告白し、③ゆるしを受けて、④その後に命じられた償いを果たすようになった。この罪の告白の習慣は、今でもカトリック教会で秘跡として実践されている。（大貫隆、宮本久雄、名取四郎、百瀬文晃・編『岩波キリスト教辞典』岩波書店、二〇〇二）

24 Bethsaida：ガラリヤ湖北岸の漁業を中心とする町。イエスの活動圏内の町で、盲人の癒しの物語や当地の不信仰を嘆く言葉が残っている。（大貫隆、宮本久雄、名取四郎、百瀬文晃・編、前掲書）

25
rock：⑴岩、岩壁、岩盤。⑵石、小石、石ころ。自然な感じの強いものについて使う。ペトロは「岩」や「石」と表現されるが、本著では「石」を採用した。

26
イエスの弟子、十二使徒のリーダー。ガリラヤ湖（イスラエル北部地区に位置する国内最大の湖）の漁師だったが、「人間をとる漁師にしよう」と誘われて、最初にイエスの弟子となった。もとはシモンと呼ばれていた。イエスの死後は原始キリスト教会の指導者として活躍した（草野巧『聖書人名録―旧約・新約の物語別人物ガイド』新紀元社、一九九八）。ペテロとも呼ぶ。ギリシャ語では「石、岩」の意。

27
するとイエスは喜んでペテロ（※本著ではペトロ）に答えられた、「バルヨナ・シモン、あなたは幸いだ。これをあなたに示したのは血肉（人間）の知恵でなく、私の天の父上だから。それではわたしもあなたに言おう。――あなたはペテロ（岩※本著では石）、わたしはこの岩の上に、わたしの集会を建てる。黄泉の門（死の力）もこれに勝つことはできない。わたしはあなたに天の国の鍵をあずける。だから、あなたが地上で結ぶことはそのまま天でも結ばれ、地上で解くことはそのまま天でも解かれるであろう」（塚本虎二・訳『新約聖書 福音書』岩波文庫、一九五六）

28
イエスの弟子、十二使徒のひとり。ガリラヤ湖の漁師だったが、兄弟のヨハネと一緒にイエスに従った。イエスにとって当初からの弟子であって、ペトロ、ヨハネとともにイェスに最も近い関係にあった。イエスの死後は原始キリスト教会の中で重きをなし、そのためにヘロデ・アグリッパ一世（ユダヤ王）の迫害にあって剣で殺された。十二使徒にはもうひとりのヤコブがいるが、区別す

るためにこちらのヤコブを「大ヤコブ」と呼ぶこともある。（草野巧、前掲書）

29 イエスの弟子、十二使徒のひとり。ゼベダイの子で大ヤコブの兄弟。イエスの死後は原始キリスト教会でペトロに次ぐ重要な地位に就いた。（草野巧、前掲書）

30 イエスの奇跡で娘の病を癒された、ガリラヤ湖西岸岸地方の会堂長。（草野巧、前掲書）

31 Sisyphus：ギリシア伝説で、最も狡猾な人間。コリントス市の創建者。死後、地獄に落とされ、大石を山頂に押し上げるよう命じられたが、石はいま一息というところで必ずまた転がり落ちるため、彼は永遠に空しい労苦を繰り返しているという。ホメロスの叙事詩『オデュッセイア』に語られている。（加藤周一・編、前掲書）

第12章

錬金術

真価は黄金の王冠にあるのではなく、
我々の考えに平安をもたらすことにある。
ロペ・デ・ベガ[1]（Lope de Vega）

中世ヨーロッパの暗黒時代に宗教的な神秘主義によって行われた支配は、科学的な発展のあらゆる可能性を制限しただけでなく、魔術や妖術と共に広まった秘儀的環境を促進し持続させたが、そこでは魔法と科学の両方が区別なく行使され混同されていた。人々は**賢者の石**[2]を求めて、暗く湿った城の地下室に隠れ、金属と汚物の混じった「物質」を火で炙ったりかき回したたりながら魔術の文言や古典的な呪文を復唱した。彼らは近代の化学と比べても遜色《そんしょく》のない化学的な混合物と合成物を同じように作ることができ、それは非常に喧嘩っぱやい彼氏や非常に危険な敵を抑えつけるのに充分な威力をもつ「すばらしく」「奇跡的な」錬金薬《れんきんやく》と同様のものだった。

錬金術(3)は鉛や銅などの卑金属を銀や金に変える擬似科学だったが、化学そのもののルーツとも関連していた。中世の文書の中で、十四世紀半ばのカタルーニャ人哲学者フランチェスカ・エイキシメニス（Francesc Eiximenis）は、純朴な人々に対し錬金術師の手練手管と人を欺く可能性について次のように警告した。「**錬金術師は大抵狂っており、詐欺師であり、他人のものをあっという間に浪費し、約束を果たしたことがなく、降伏や敗北を決して認めず、その害毒の化身となり、そこから決して離れられないので、あなたは彼らから逃げなければならない**[I]」

錬金術は世界中で行われ、中国人、ギリシャ人、ローマ人と同様、アラブ人もほぼ同時期に同レベルの錬金術を行っており、ユング派の視点から捉えた集合的無意識の存在を明らかにした。錬金術は、人が赤ちゃんの時にさらされた**自己愛的損傷**を反転させようとする欲求を表していたと考えられる。それは私が以前の章ですでに言及したこと、つまり、大人が赤ちゃんに提供するようあまりにも強く望むため金と同等の価値があると感じられていたものが、ただの純粋な害毒だったという恐ろしい欺きによって生じる、原始的な疑念と不信感のことである。**錬金術はおそらく反転させる作用、つまり幼少期のあらゆる「自己愛的損傷」の苦しみを価値あるものに転換しようとする願望を表している。最終的に大便を金に変える可能性によって、彼らが子どもの頃にさらされた恐ろしい屈辱を逆転させるのである。**錬金術はそのような願望を満たすことはできなかったが、賢者の石の終わりなき探求を通して、さまざまな元素の秘伝の配合や、ある合成物から別の物への「原子価」の変成に成功し、最終的に近代の化学の基盤を築いた。おそらく錬金術は大便を金に変えるという神秘的で難解な謎を解くことはできなかったが、そうした幼稚な願望の昇華を、現代科学の基盤をつくることで達成できた。彼らは金属の金ではなく科学と創造性という象徴的な「金」を見つけたのである。

この意味で、真の錬金術師は無から最大限のものを抽出できた人として確かに存在し、それは天才による創造性の真の表れであると私は考える。例として、一九二八年に偶然と鋭い観察によってペニシリン[4]の抗生作用を発見したアレキサンダー・フレミング卿[5]（Alexander Fleming）について取り上げよう。

つい最近まで、伝染病の診断と治療には寒天[II]などの物質が含まれた特別なプレートでの培養が用いられており、検査技師による注意深い操作が必要とされた。たとえば、喉から塗抹《とまつ》標本[6]を採取する際には、空気中のバクテリアを殺し雑菌混入の危険性を防ぐためにそばにガスバーナーを置いておく必要があった。これが正しく行われないと、大抵汚染された培養菌がコロニーの周りの透明なゾーンに現れた。[7]技師がこれを顕微鏡下で検査し、バクテリアが死滅しておりこの検査が無駄になったことに気づいたときには、おそらく「怠慢な」技師を叱責し培養菌を捨て、標本採取を繰り返さなければならなかった。しかし、フレミング以前の人は誰も次のシンプルな質問をするような好奇心をもっていなかった。空気中のどんな有機体がバクテリアを全滅させているのか、そしてそれは生きている人にも同じように作用するのではないか？　かつて、カナダ・モントリオールにあるマギル大学の私の教授は、ハンス・セリエ[8](Hans Selye）のことを思い出し、彼は、フレミングが観察していたのと同じ現象、それ以前に彼も何度も見ていた現象に充分注意を向けていなかった自身をなんとうかつなのかと厳しく非難していたと話してくれた。[Ⅲ]

フレミングは寒天の培養におけるバクテリアの死の原因を調べていた時に、大抵無防備に置き去りにされた食べ物を傷ませる、空気中に拡散しているのと同じアオカビによって、バクテリアが侵食されていることに気づいた。フレミングはそれに「ペニシリウム・ノタツム」という洗練された名前をつけ、[9]アオカビが作り出す物質は伝染性のバクテリアを分解するだけでなく、人に対しては毒性をもたないことを発見した。

かつて誰もが考え、今でも考えていることは、一般的なアオカビ、つまり食べ物を腐らせたり生ゴミに変えたりする厄介な有害物は、近代における偉大な錬金術師の一人であるフレミングの鋭い観察によって突然変換されたということである。彼は**自己愛的損傷**をなんとか反転させようとし、ついには、多くの人が試みては失敗していたこと、つまり**衰退や死を純粋な命へと変換すること**を成し遂げた。抗生物質は近代の最も偉大な発見であり、それまでの医学の成果を激変させたため、嫌がられていたアオカビはフレミングに貴族の称号をもたらしただけでなく、彼を確実に二十世紀のヒーローに押し上げた。

ジークムント・フロイトはもう一人の現代の錬金術師(10)である。彼は人間の心の最も力強く決定的な側面である無意識への扉は、毎日よく見る夢や自発的な考えによって明らかに開かれ、それらは大抵親密で、時に恥ずかしく、普通は発生と同時に忘れ去られ、比喩的には忘却のくずかごに投げ入れられるようなものであると立証した。

ここでわかる通り、錬金術は、著しく無知であった中世の男性たちを支配していた魔術的思考の産物というだけではない。彼らは、いったん害毒を金に変えれば、特定の物質の秘伝の調合あるいは特別な配合が驚愕の富を生み出すであろうとの狂気的な想像にとりつかれていたのである。錬金術は、無意識の闇のパワフルなエネルギーのすばらしい顕示として、また、賢者の石を携《たずさ》え、無をあらゆるものに変える無意識の創造性のはかりしれない力を使いこなすヒーローを探し求めた結果として現れたのである。

錬金術は、大便によって引き起こされる屈辱と不信感といった決定的な恥から抜け出し、大便を金に変化させるというミステリアスで象徴的な変質の秘密を発見する方法を探そうという、昇華された崇高な欲求として現れた。前述のように、かなり逆説的なようだが、肛門の影響力は人の親密さに結びついていたりそれを決定づけたりしているだけでなく、「無からあらゆるもの」を得る能力という創造性も、大便の昇華によって直接的に条件づけられているのである。

私が女性についてのこの小論に本章を含めたのは、女性性のスピリットの内に継続的に創造性を求めていくことによって、女性たちが最終的には無意味な魔術や自分の外に答えを求めるのではなく、固有のアイデンティティを見つけ、マーリン・ストーンや他の作家たちが**普遍的な女性の原理**と呼んでいる、本当の超越と真の突然変異を見出すことになるであろうと信じているからである。この普遍的な法則をもつ錬金術は、女性たちの生来のパートナーである男性たちと対立したり競争したりするのではなく融和することによって、内的な成長、自己充足、自立、共存へと向かう意味深く重大なシフトをもたらすであろう。後ほど「無実を立証されたイヴ」を取り上げる章で再びこの超越性の側面について触れるが、その前に神の歴史的概念と生物学的概念の違いという重要な事柄をレビューしておこう。

《原注》

I "E per tal deuen molt esquinar alquimistas qui comunament son orats e enganadors del seu e null temps no venen a fi daço que volen e veense fondre e perdre e son axi encarnats in aquella pestilencia que ya james no sen volen lunyar." *Regiment de Princeps i Comunitats*, Chap. 379.（フランス語の原文）

II ゼラチン状の紅藻のエキスであり、実験室でバクテリアの培養基として用いられる。

III ハンス・セリエはとても創造力豊かな研究者で、遡ること一九五〇年代に今日一般的になっている「ストレス」の概念を医学に導入した人であり、モントリオール大学に the International Institute of Stress を創設した人でもあるが、その彼が、過去の寄付金にかかる税金を約十五万ドル滞納しているとカナダの税務署から知らせを受けた三カ月後に心不全で亡くなったのは皮肉なことに思える。

《訳注》

1 一五六二―一六三五。スペインの劇作家・詩人。

2 「哲学者の石」ともいう。賢者・哲学者はともに錬金術師の意。錬金作業の最終段階で析出すべき概して赤色粉末状の物質で、卑金属を金に変え、金の量を無限に増やすなどの変成能力をもつとされた。また、人間を若返らせ病気を癒す万能薬ともみなされた。具体的物質というより、自然の根底に潜む精髄を凝縮した比喩的実体である。原物質（prima materia）が混沌状態で含む四大物質

（土、水、火、空気）を、「賢者の石」は精錬、純化した形で含んでいる。したがってそれは大宇宙に対する小宇宙であり、万物の生命を蔵する種子として、根源的な作用力をもつ。物質と肉体と魂に同時に働きかけてこれを治癒し向上させる救済力の象徴として、種々の図像で表された。（加藤周一・編『世界大百科事典　改訂新版』平凡社、二〇〇七、参照）

3　銅や鉛のような卑金属を金や銀のような貴金属に変えようと試みた擬似科学をいう。人々がこれまで神々を求めたり錬金術（黄金づくり）を求めたりしたのは、永遠不滅なものへの人間の強い願望があったからであろう。黄金には、破壊的な火も、長い時間の経過も、その純粋な性質を変えることができず、永遠の高貴さを保つ本質があると考えられていた。人間精神が崇高なものを内に宿せば宿すほど、永遠性への願いもより純粋に、より強くなるものである。人間はそのような状況下で精神高揚の歴史を繰り返した。それが古代エジプトで錬金術思想となって現れた。エジプトでは、永遠不滅のシンボルが太陽と黄金だったからである。（加藤周一・編、前掲書、参照）

4　一九二九年、フレミングがブドウ球菌の培養実験中にコンタミネーションにより生じたアオカビ（Penicillium notatum）のコロニーの周囲に阻止円（ブドウ球菌の生育が阻止される領域）が生じる現象を発見したことに端を発する。その後、一九四〇年にH・W・フローリー（Howard Walter Florey）とE・B・チェイン（Ernst Boris Chain）がペニシリンの単離に成功したが、一つと思われたペニシリンは、ペニシリンG、ペニシリンNなどの混合物であった。フレミングの「ペニシリンの発見」とフローリーらの「ペニシリンの再発見」とそれに続くペニシリンGの実用化は感染症の臨床治療を一変させ、その功績によりフレミング、フローリー、チェインには一九四五年にノーベル医学・生理学賞が授与された。（加藤周一・編、前掲書、フランク・B・ギブニー・編『ブリタニカ国際大百科事典　第3版』ティビーエス・ブリタニカ、一九九五、参照）

5　一八八一—一九五五。イギリスの細菌学者で、リゾチーム（ある種の細菌を溶解する物質）、ペニシリンの発見者。一九四三年、フレミングは王立協会会員に選ばれ、翌年にはナイトの称号が与えられ、ジョン・スコット・メダルを受賞した。（フランク・B・ギブニー・編、前掲書、参照）

6　血液・痰等をスライドグラスに塗りつけて作った顕微鏡の標本。

7　生物学用語でバクテリアなどが生息する場所という意味。

8　一九〇七—一九八二。ウィーン生まれ。カナダの内分泌学者。ストレス学説の提唱者である。卵巣ホルモンに関する基礎的研究を行う中で、どのようなものであれストレスが生体に作用すると副腎皮質の活動が活発になるなどの共通のパターンが観察されることを発見した。これが後にストレス学説へと発展した。（中島義明、子安増生、繁桝算男、箱田裕司、安藤清志、坂野雄二、立花政夫・編『心理学辞典』有斐閣、一九九九）

9　baptize：他に「洗礼を施す」の意味がある。

10　一攫千金の「金もうけ」をする人のことを、よく「現代の錬金術師」と呼んでいる。しかし錬金術と金もうけ（富）との密接な関係は、いまに始まったわけではない。古代ローマ帝国は、錬金術の発祥の地であるエジプトがいかがわしい金づくりの術によって再び強大な富と権力を握り、ローマを脅かすかもしれないと恐れたため、関係書類を残らず探しだし、焼き捨てさせたという（三世紀終わり頃）。錬金術に対する厳しい罰則や禁令は、その後も引き続き発令され、近世ヨーロッパの記録にもしばしばみられる。（加藤周一・編、前掲書）

第13章

トーテムとタブー：男性の神から女性の神へ

主なる神は男から取ったあばら骨でひとりの女を造り、
男のところへ女を連れて行った。そのとき、男は言った。
「これこそ、ついにわたしの骨の骨、わたしの肉の肉。
男（Man）から取り出されたものだから、
これを女（Woman）と名づけよう」

創世記二：二二―二三(1)

一九一三年に発行された、フロイトの『トーテムとタブー』(2)と題した著書は、動物および原始人たちの行動の観察に基づいてエディプス・コンプレックスの系統発生的基礎や宗教に対する社会学的理解について検討しようと試みたものであり、人類学、社会学の領域に大きく貢献した。もともと人間は現在生息している、野生の馬、野牛、猿もしくはアシカのような哺乳類たちと同様に、群れの中で生きるように体系づけられていると彼は述べた。人間たちは男によって支配される家父長社会に生き、男はあらゆる外部の脅威から群れを守るだけでなく、すべての女たちの絶対君主としてふるまう。そして、大抵子孫である若い男から自身の支配力を徹底的に守り、若い男は簡単に彼の権力に屈する。しかし、ある瞬間、おそらく最古の革命の表現であろうが、最も原始的で普遍的な陰謀が起こり、すべての男たちが団結し、その中でおそらく最も強く勇気がある者が支配的な父親に生きるか死ぬかの決闘を挑む。先の支配者が死ぬか敗北すると、その勝利者が新たな支配者となる。原始社会では、父親の死は恐ろしい罪悪感と「妄想的不安」を生み出した。結局のところ、父親は彼の子孫に命を与えていただけでなく、彼らを養い、彼らを守っていたのである。その罪悪感は父親の死後、「父親が宿っている場所」から父親が恐ろしい報復をするのではないかという幻想を生み出したため、さまざまな儀式によって彼の魂をなだめる必要性が生じ、フロイトによると、これらがすべての宗教の起源の礎《いしずえ》となっていた。たとえば、彼らは、死んだ父親が決して還ってこないように遺体を焼却し、その後遺灰を摂取する儀式によって、死んだ父親を自身の一部にしていった。これは他の宗教と同様、キリスト教の信仰における聖体拝領の絶対的原則に関連づけられるだろう。**キリストの死を完全に確信していたわけではないため、彼らは当時キリストを賛美し、聖なるものとして追想し、このようにしてキリストを神の起源としていった。**しかし、その罪悪感はあまりにも大きいため防御機能が常にうまく働かず、彼らは罪滅ぼしの形として、細部にわたって永久にその陰謀を繰り返すなど、別の選択肢を探さざるをえなかった。死んだ父親は、トーテムもしくは特定の動物として表象され、一年の特定の期間を除いては、触ったり、傷つけたり、狩ったりすることは禁じられた。解禁の時期になると、実際に父親を殺したという彼らの根源的な所業の象徴的反復として、部族のメンバー全員で、動物を殺すために団結した。狩りの後、彼らは全員で動物を食べるという「トーテムの食事」(3)、もしくは聖餐《せいさん》で儀式を完了させた。たとえば、キリストの死と復活を記念する復活祭に先立つ四旬節の節食の間、禁じられた肉の代わりに、ユダヤ教徒たちは子羊を、一方キリスト教徒たちはキリストを象徴する魚を食する[I]。

フロイトにより定式化されたこの仮説では、**男性たち**と神のイメージが明らかに結びつけられており、この神のイメージとは殺された父親を賛美した象徴である。これはこの小論で紹介した、もし神が性別を有しているのならば、それは女であるだろうという提言と明らかに矛盾する。しかし、この食い違いはただの見かけ上の問題であり、二つの理論の違いは、それらが定式化された枠組みというよりはむしろ歴史的、進化論的な観点に依拠していると私は考える。フロイトの『トーテムとタブー』は、社会的、歴史的観点を示し、卓越した論理で宗教の起源を読み解いている。一方で、インプリンティングは、本能的、生物学的現象であり、それは男性たちの女性たちへの羨望やこれまでのように女性たちを制圧する欲求のみならず、女性たちが将来的にはさらに卓越した地位へと到達しようとする試みをも説明しようとしている。もし人類の起源が魔術と宗教によって支配されていたのならば、未来は科学的、論理的思考の力が優勢となるであろう。そして現代の動物の社会的組織で観察されることに類似して、すべての宗教神が男性たちの原始的な組織を起源としているのならば、**神は男に違いない**。一方、未来の神が女性たちの継続的成長や彼女たちの卓越した自己意識や重要性の上に成り立った、現実的で論理的な生物学の力に基づいているならば、神は女に違いない。

スペインの哲学者であるホセ・オルテガ・イ・ガセーはかつて、人間と虎の違いについて、後者は決して自身を「脱虎化（de-tigerise）」できないと言った（1961, vol.7）。虎は永久に虎であることを宿命づけられているが、それとは対照的に、実存主義が人間や人類の容赦ない存在論的はぎとり（ontological peeling）を我々に悟らせたように、人間はすべてに対して疑問を抱いたり、超越した考えを抱いたりすることができる。科学は人間のプライドと宗教に三つの根本的な打撃を与えたと言われてきた。第一に、地球は太陽の周りを回っており、その逆ではないことが証明された。第二に、進化論によると、人間は類人猿と共通の先祖をもつことが証明された。第三に、人間の心の大部分は、無意識の内に隠されていると証明された。以下は、最近私が書いたものである。

エントロピー[4]や、絶え間ない歴史的変化や、新しく出現する知識に直面した際に、既存の慣例が変化しないと考えるのは不自然であり、愚直でさえあるだろう。しかし、もし紀元前三世紀に誰かが未来についてローマの百人隊長に尋ねたならば、その隊長はローマ帝国は永久に存在するだろうと間違いなく断言したであろう。三百年以上もの間、ある皇帝から次の皇帝への継承が目撃されたのは偶然ではなかった。

アリストテレスの学説である「水晶球[5]（crystal spheres）」と天体が崩壊した後、世界はすっかり変わり、コペルニクス[6]の洞察とガリレオの望遠鏡が影響力をもち、神を端の方に押しやった。宗教裁判の俗権の恐怖をもってさえ、これらの革新的発明を阻止できなかった。そして、人類と類人猿はかなり近い種であるという、耐えがたく、極端だけれども、疑いのない論理的根拠のあるダーウィンの進化論に直面した時、創世記の「アダムとイヴ」の決定論は、宗教が男性に捧げてきた快適な状態をもはや支えられなくなった。地球はもはや宇宙の中心ではなく、ましてや男は、神に甘やかされ贔屓《ひいき》された創造物ではなくなった。
前世紀末にフロイトによって明らかにされた無意識は、第三の大きな羞恥心をもたらした。人間は氷山に似ていた。十分の一は理性的であったが、それ以外の水中に沈んでいる十分の九は卑しい、未知の動物的本能そのものであった。地球は無限で巨大な空間の中では見失われてしまった小さな小石である。人類は、類人猿の最初のいとこであり、ほとんどの時間を心理的にも社会的にも類人猿と同様にふるまっている。しかし、たとえそうであっても、我々は悲観しすぎるべきではない。逆に、こういった新事実はとても役に立っている。なぜなら真実は常に、我々が正確で安全な場所を発見するように導き、実際に信じられないほどすばらしい新たな発展をもたらしている。マーシャル・マクルーハン(Herbert Marshall McLuhan) の言葉を借りれば、「電子工学のおかげで、地球はまさに小さな村となっており、我々はもはや原始時代のように伝染病の脅威に怯えることがなく、そして中世の人々が全く想像できなかった快適な生き方をしている……[II]」。

『トーテムとタブー』は主に人類の早期起源に言及しており、原始人の組織と、我々人間と生物学的に緊密に関係する哺乳類の社会との類似性を立証している。そして、すべての教会の起源は、土着の男性の魔術的思考や、彼らが生き残り、家父長制を確立させ、女性を皆、性交の対象や快楽を独占的に提供する対象として降伏させ、服従させるために、粗暴な力を行使して環境を支配する彼らの欲求と相互に関連しているため、宗教は男根至上主義が優勢である、と指摘している。これが、**家督**（patrimony）を資産もしくは遺産と関連させ、一方で**婚姻**（matrimony）を肉体の結合と結びつけている理由である。

フロイトの死の瞬間まで、『トーテムとタブー』は彼にとってエディプス・コンプレックスを生物学的に裏付ける個体発生的、系統発生的根拠となっていた。しかし、フロイト以降の精神分析学におそらく最も重要な貢献をした精神分析家であるメラニー・クラインは、エディプス・コンプレックスについて異なる概念を提唱した。彼女によると、エディプス・コンプレックスは子どもが自身の性差を区別すらできない、かなり早期の段階からすでに存在する。クラインにとって、エディプス・コンプレックスは、母親、父親、子どもという「原初‐三者(original triad)」の直接的な結果であり、子どもは、常に**排除**という、とてつもない不安を生み出す何かに大抵さらされている。言い換えれば、エディプス・コンプレックスは、子どもと同性の親との競争や、異性の親を求めることが、その最も無意識的な構成要素の中心であるというわけではない。エディプス・コンプレックスの中心には、排除という耐えがたい痛みを避けようとする欲求がある。「**二人なら良い連れ、三人なら仲間割れ**」という慣用句もある。

インプリンティングが未来の女性たちの重要性を決定づけるという仮説は、いかなる推論にもまして、生物学的、科学的論理が優勢であることを明示する。科学的な合理的根拠に基づく展望が、宗教の魔術的蒙昧主義や原始的論理に取って代われば、将来における合理的な思考の位置づけが決まるだろう。**もしこれまでの「男性神」が宗教的伝統の産物であるのならば、将来の「女性神」は生物学における不可避な決定論の産物となるであろう。**

《原注》

Ⅰ　絵画に描かれた魚の描写は、未だに早期のキリスト教徒を同定するものとしてローマのカタコンベ(7)でみられ、おそらくそれは、キリストが「魂の漁師」と想像されていたからか、もしくはキリスト教初期のおそらく最も重要な弟子の一人であるペトロの職業を描いているからだろう。横から見たローマ法王の姿は、魚の開いた口のような司教冠と、うろこのような銀のマントを着用しており、魚の形に似ている。

Ⅱ　一九九三年七月のベネズエラ精神分析協会を参照のこと。

《訳注》

1　第2章、訳注2参照。

2　トーテムという言葉は、北アメリカ先住民のオジブワ民族に由来する。ある種の動植物、たとえばワシ、カワウソ、クマ、ナマズ、シラカバなどが、ある血縁関係にある人々の集団と特殊な関係をもち、かつその集団の成員間では婚姻が禁止されている場合に、それらの動植物はその集団のトーテムである、という。(フランク・B・ギブニー・編『ブリタニカ国際大百科事典　第3版』ティビーエス・ブリタニカ、一九九五)

3　キリスト教教会暦の中に起こった最初の典礼季節。日本では、教会によって受難節、大斎、復活前期、レントなどとも呼ばれている。復活祭を迎える準備として、とくに洗礼志願者のためを考慮して選ばれた朗読個所が定着することによって固有な典礼季節となる。その準備は祈りと断食(節食)によって行われたが、キリストの断食(『マタイによる福音書』四:二および並行個所)にちなんで四十日間行われるようになり、四旬節と呼ばれるようになった。(加藤周一・編『世界大百科事典　改訂新版』平凡社、二〇〇七)

4　エントロピーとは、そもそも複雑さの度合いを表すための熱力学的概念であり、複雑さまたはでたらめさが増すほどエントロピーは大きくなる。熱の移動が高温物体から低温物体への一方通行性をもつことを主張する熱力学の第二法則を、R・J・E・クラウジウスの導入したエントロピーの概念を用いて共有し直すと、外界に対して熱や物質の出入りのない孤立系においてはエントロピーは不可逆的に増大する、ということができ、これをエントロピー増大の法則という。(加藤周一・編、前掲書)

5　天動説で用いられている概念。地球は水晶のような天球に幾重にも取り囲まれており、その各々の表面に月や太陽、その他惑星や恒星が張りつき、それぞれのスピードで回っていると考えられていた。

6　一四七三―一五四三。地動説（太陽中心説）の提唱者として知られるポーランドの天文学者。（加藤周一・編、前掲書、参照）

7　初期キリスト教時代の地下墓所。異教徒あるいはユダヤ教徒のものもあるが、とくにキリスト教徒のものを指す。本来ローマ郊外の聖セバスティアヌスの地下墓所を指した「アド・カタクンバス（ad catacumbas）」（「くぼ地のそば」の意）に由来する言葉である。墓室の壁面はフレスコ壁画で飾られ、石棺浮彫とともに初期キリスト教美術の貴重な遺例となっている。二世紀末～三世紀中頃の壁面は白地を線で区画し、植物や動物のモティーフを配した単純なものが多い。それには異教美術のモティーフをキリスト教的意味に転用したものが多く、魚によってキリストを表すといった象徴的表現も見られる。（加藤周一・編、前掲書）

第14章 女性性

テイレシアスは、男性でもあり女性でもあったため、彼は男性と女性ではどちらの方がセックスの快感が得られるかというユピテルとユノーの論争の仲裁を頼まれた。彼は「もしオルガスムを等しく十片に分けることができたら、九が女性のためで、一が男性のためである」と答えた。[1]

オウィディウス[2]（変身物語　巻三）

人間は、人類の始まりの謎とその終焉への強い恐怖という二つの局面を、完全に理解し受け入れることができないまま今に至っている。一つ目は人類の起源に関連し、子をもうけて生命を生み出す能力、言い換えれば、**セックス**をする能力である。二つ目は人間の終わりにつながる、生からの明確で最終的な消滅、つまり**死**の瞬間である。どちらの局面も、人間の基本的で本能的な二元性を表しており、それは**エロス**（愛や創造や生）と**タナトス**（攻撃性や破壊や死）である。

セックスに慣れるということはまず不可能なため、我々は今までに一度も見たことがないかのように絶えずそれを目撃し、繰り返される性交をまるで初めてかのように観察するようかき立てられるが、それは生殖だけでなく、面倒なことに**ポルノ**の存在をも保証している。一方、我々は死の現実を到底受け入れられないため死を恐れ、**宗教**への欲求を呼び起こされる。なぜなら、宗教は常に反復的かつ教義的であるため、**あたかも時が経っていないかのように、たえず古代の書物や古い文化を現代にあてはめるからである**。この恐怖が、それぞれの集団の特定の神の至高性をかけた果てしない宗教戦争という醜い結果をもたらした。そしてこれが、ポルノと宗教が共通の敵をもつ理由であり、その敵とは、退屈さと、いつも全く同じ抑揚のない繰り返しである。

人々が変化を許容するのは極めて困難である。なぜなら人には古い基準や習慣に固執する生来の傾向があり、見知らぬものや未知のものを恐れるからである。今日絶対的な真実に見えているものは、明日には嘘になり、もっと先には完全に厄介なものになり得る。女性性の多くの定義もまた、ひとたび我々が女性性の特徴は単に文化的なもので、遺伝的なものではないと証明すれば、時間の経過とともに効力を失い、そして、科学が発展し新たな心理学的発見がなされるにつれて変化するであろう。現代の女性たちは昔ほどマゾヒスティックではなく、自身の権利により確信をもち、より競争的である。それは、書かれた時代を問わず、今も崇められている古代の宗教的書物に記されたものとは全く異なる。ブッダは、「女性たちは皆邪悪である。機会があれば、罪を犯すであろう」と言った。また、西暦三七四年にミラノの司祭であった聖アンブロウズは、「女性たちは男性たちに罪を犯すようそそのかしたのだから、奴隷が王にかしずくように、女性たちが男性たちにかしずくのは当然のことである」と言った。さらに、すべての宗教的書物に共通する主張として、常に女性たちに対する剥奪がみられる。「（神は）女に告げた。私は分娩の痛みを増し加え、君は痛みの中で子を出産せねばならぬ、その上、君の欲求は夫を渇望し、彼が君を支配せねばならない」(3)と聖書（創世記三：一六）にある。そして、シラ書(4)（Ecclesiasticus）にも、「女性たちの邪悪と比べたら、どんな邪悪もとるに足らない。彼女たちに罪人の宿命を負わせよ」(5)とある。聖パウロは、「婦人は、静かに、全く従順に学ぶべきです。婦人が教えたり、男の上に立ったりするのを、わたしは許しません。むしろ、静かにしているべきです。なぜならば、アダムが最初につくられ、それからイヴがつくられたからです。しかも、アダムはだまされませんでしたが、女はだまされて、罪を犯してしまいました[6]」と言った（テモテへの手紙一　二：一一―一四）。一方、コーランには、「（汝が）女たちに与える二倍のものを男に与えよ……神は男女に優劣を与えたのだから、男は女よりも優れている。妻の不服従に苦しむ夫は妻を処罰し、寝床に置き去りにするべし、さらに叩くべし……娘の誕生を告げられると、男は誰しも表情が曇り、息の根が止まるほどの痛みを味わう……あまりにも過酷な報《しら》せのために、男は自身の家族から身を隠す[7]」と書かれている。インドの宗教書であるマヌ法典には次のようにある。「この（世）に於《おい》て、男を堕落せしむるは女の天性なり。このゆえに、賢者は婦人に對《たい》しては心を許すことなし……行い悪《あ》しく、或は放《ほう》縦《じゅう》にして、或は善き性質に缺《か》くと雖《いえど》も、貞節なる妻は、夫を絶えず神として崇むべし……不妊の妻は八年目に、その子の（皆）死せる妻は十年目に、娘のみを生む妻は十一年目にこれを替ふるを得。されど、悪語を言ふ妻は遅延なくこれを替ふるを得[8]」。現代正統派ユダヤ教の祈りの書には、「神よ、私は汝に感謝する。私を女につくらなかったから」とある。ピタゴラスは、「秩序と光と男を創った善の原理と、混沌と闇と女を創った悪の原理がある」と言った（Qualls-Corbett,[9] 1988 より引用）。ローマの哲学者のセネカは次のように述べている。「女が一人で考える時、女は邪悪なことを考える」（**悲劇**、クレーマーとシュプレンガー『魔女の鉄槌』第一部、論題六より引用）。結婚に関する儒教の書物には、「女を苦しめる何より最悪な欠陥は、不従順、不満、中傷、嫉妬、愚かさである……このように女の特徴はあまりにも救い難いため、どんなときも自らを信じずに、夫に従う義務がある」とある（Gaylor, 1997より引用）。

赤ちゃんを育てる哺乳瓶の発明は、「乳母」としての女性たちの存在をもはや絶対的に必要とせず、男性たちが子育てに参加できるようにした。同様に、新しくより安全な避妊方法ができたことで、すべての女性たちはさらに自由になった。たとえば、**月経**と**妊娠**は両方とも女性であることの真正で固有の定義であると主張できる。しかし将来、生理学やコンピュータ化された生物学の領域での新発見が、これらの明らかに女性固有の特徴を選択の余地のあるものにする可能性は大いにある。

アレキサンダー大王はロケット爆弾の発明など想像もできなかったであろうし、同様にレオナルド・ダ・ヴィンチにとっては超音速ジェット機、グーテンベルグにとってはコンピュータの出現など想像できなかったであろう。どのような未来の発明があるかを今想像するのはなんと難しいことか。ソヴィエト連邦の崩壊前にロシア人は、アメリカ人が臓器移植手術後の組織の拒否反応を抑える生物学的な新方法を発見しようとした遺伝工学実験の結果、HIVが生じたとして、二度にわたってその責任を公然と非難した。実験協力者はおそらくホモセクシャルとハイチ人のボランティアであり、彼らは約三年の経過観察の後にエイズ発症の危険性はないと考えられたが、その当時HIVがエイズを発症させるのにそれ以上の時間を要するということは知られていなかった。

今後は、女性たちが妊娠しないという選択肢をもつことが想定でき、代わりに女性たちは、「コンピュータ管理された子宮バンク」で赤ちゃんをもうけ、分娩の準備が整うまで育て、性別や肌の色、ＩＱなどをあらかじめ選択する機会も与えられるであろう。こういったすべての女性としての固有の特徴が自由に選択されるようになる時、女性性の明白な定義として、何が基本的で特有のものとして残るであろうか？

ギリシャ神話の偉大な預言者であるテイレシアスが、逆説的に盲目であるのは、しばらくの間女性になり、女性の最も重要な秘密を明らかにできたため、ヘラの怒りに触れたからである。女性たちと男性たちのどちらがよりオルガスムを楽しむかについて尋ねられた時、テイレシアスは、「もしその快楽を十片に分けることができたら、九は女性のためで、一だけが男性のためである」と答えた。

記憶は、各個人のアイデンティティや個性を規定する本質的な特徴を表す。たとえば、将来我々はその人の特有のアイデンティティを必ずしも変えることなく、脳を含めてすべての臓器を移植できるかもしれない。しかしながら、決して変えられない唯一のものは記憶が宿る特定の部位であり、なぜなら我々は本質的に、ただの水と歴史以外の何ものでもないからである。

オルガスムは記憶と似ており、女性性と男性性を基本的に区別するものである。なぜなら、他の機能は取り替えや取り外しができるが、挿入したり、挿入されたりという行為はできないからである。結局、これまで述べてきたことのまとめとして、女性性は本質的に次の三つの基本的な条件のもとで定義されると、我々は結論づける。

- インプリンティングの力と、それが女性によってどのように管理されるか
- 内側にある女性器
- オルガスムの特徴

しかし我々は、最後に残った細目として、生まれた時からヴァギナを部分的に塞いでいる、**処女膜**という脆く神秘的な皮膜について考えるべきである。その目的は人類学者や生物学者にとっても未だ不可解であり、エスキモーにとっての冷凍庫のように、無駄なようにみえる。その本当の性質が、ヴァギナの内部をこそこそ這《は》っている寄生虫に対する防御なのか、ペニスに対する防御なのか、その両方なのかは、完全に理解されることはおそらくないであろう。多くの人にとって、処女膜が唯一役に立つのは女性たちを（現在よりも昔のほうがなおさら）辱《はずかし》めることにおいてであり、男性にとっては妻が事前に性的な経験をもっているか否かを知る一つの方法としてであり、婚姻が完成したサインとしてでもある。もしくは、娘の「罪深い」セク

シャリティを恐れる両親が、親の権利として純潔を確認するために、婦人科の診察台で肉体関係を精査させる。しかしながら、別の見方が考えられる。私は他所で次のように述べた。

「痛みの文化」は、処女性と、妊娠が可能になる十一歳から十二歳時の性的な貫通と関連しており、性的交渉をさらに年長となるまで延期するよう少女を導く。さらに五年以上先であれば、妊娠がもたらすそれまで経験したことのないような「暴力」をより上手に統制できるようになり、同時により良い資質をもった母親を赤ちゃんに提供できる好機となる。（López-Corvo, 2006, p.2）

私はこれまでの章で、娘に同一化する母親の自然な傾向は、大抵息子よりも娘の方により批判的な態度をとらせることになると述べてきた。母親は、自身の恐れや限界を娘たちに投影しているようにみえ、その関心は誰に対するものなのか、娘たちか自分自身か、また、愛のためか単なる自己本位のためなのかを正確にはわかっていない。この支配的な態度は主に性、特にマスターベーションに向けられたものであり、小さな女の子に、この行為は悪い、汚い、罪深いなどといった恐怖をもたらす。この考えは後に多くの女性たちの無意識に、象徴的な「売春婦 - 尼僧」の構造を芽生えさせる。一方の力強い本能的欲求と、他方の強大な罪の心情との間にとらわれているような感情である。ナンシー・フライデーが女性たちのマスターベーションの重要性を強調したのは、その定期的な実践が自己感や他者からの分離の感覚を増すという理由からである。さらに、男性たちはセックスと愛を区別できると女性たちは感じているが、彼女たちはそれを区別するツールとしてマスターベーションを役立たせるだけでなく、性的なファンタジーを豊かにしたり、性交中のパフォーマンスを改善するための練習としても役立たせることができる。「決定的で最も明らかなことは、マスターベーションは人生の最もすばらしい性的快楽の根源であり、身を震わせ緊張を解放させて、眠る前の甘い鎮静剤となり、我々を紅潮させ、より安らかな容貌にし、笑顔をより神秘的にする美のトリートメントである」と彼女は言う（1991, p.35）。私が以前に述べたように、女性たちはしばしばマスターベーションと性的関係を混同し、それを隠すべきこととして体験している。現代の女性たちは、性的な話題を友人たちやパートナーたちと自由に話すかもしれない。しかし、彼女たちのファンタジーをも含むマスターベーションの習慣は、常に厳しい内的な検閲を受けており、その結果めったに共有されない。私は、問題の中心はマスターベーションに対する両親の制限にあると考えている。この禁止は怒りを誘発し、娘たちがマスターベーションをするたびに、彼女たちは楽しめないばかりでなく、親の倫理コードに抵触することで、無意識的に両親を「攻撃」している。こうしたことから、フロイトはマスターベーションと薬物依存の間の象徴的な類似性を見つけたのである。

《訳注》

1　ユピテル（Jupiter：ローマ神界の主神。英語名ではジュピター。ギリシャ神話ではゼウス［Zeus］にあたる）は「これは確かなことだが、女の喜びのほうが、男のそれよりも大きいのだ」といった。ユノー（Juno：ローマ神話で、最高神ユピテル［ジュピター］の妃。英語名ではジュノー。ギリシャ神話ではヘラ［Hera］にあたり、ゼウスの妹で妻）は、とんでもないとそれを否定する。そこで、もの知りのテイレシアス（Tiresias：エディプス王に、彼が父を殺して母を妻としたことを告げたテーバイの盲目の予言者）の意見を聞こうということになった。この男は、男女両性の喜びを知っているからだが、それにはわけがある。あるとき、彼は、緑濃い森のなかで交尾している二匹の大きな蛇を、杖ではげしくなぐりつけたことがあった。すると、不思議なことに、男であったテイレシアスが女に変わり、そのまま七年間を過した。八年目に、ふたたび同じ蛇たちに出くわして、こういった。「おまえたちを打つことが、その人間の性を変えるほどの力を持っているなら、もう一度おまえたちを打つことにしよう」。この同じ蛇を殴りつけると、もとの姿がもどって来て、生まれた時の状態に返った。いま、冗談めいた争いの裁定者に選ばれると、彼は、ユピテルの意見のほうを正しいとした。ユノーは、もともと大した問題でもないのに、必要以上に気を悪くして、その裁定者を罰し、彼の目を永遠の闇でおおった。しかし、全能の父なる神は——ある神がおこなったことを無効にすることは、どんな神にも許されないので――テイレシアスが視力を奪われたかわりに、未来を予知する能力を彼に与え、この恩典によって罰を軽くした。（オウィディウス・著、中村善也・訳『変身物語』岩波書店、上巻一九八一／下巻一九八四）

2 前四三―後一七年。ローマの詩人で、愛に対する悲哀の詩で知られる。

3 第2章、訳注1参照。

4 原著では、伝道の書（Ecclesiastes）となっているが、伝道の書に本文の表記は見当たらず、シラ書の中に記述がある。『シラ書』は、ユダヤ教とプロテスタント諸派では外典とされ、カトリック教会と正教会では旧約聖書に含まれる書物の一つである。『集会の書』、『ベン・シラの知恵』とも呼ばれている。

5 旧約外典Ⅱには、「悪妻にくらべればほかの不幸などなんでもない。罰あたりめ！」とある。※「罰あたりめ！」の直訳は「罪人のくじが彼女にあたればよいものを」である。（関根正雄、村岡崇光、森田光博、小田島太郎、藤村和義、新見宏、土岐健治・訳『聖書外典偽典第二巻　旧約外典Ⅱ』教文館、一九七七）

6 『聖書　新共同訳―新約聖書』日本聖書協会、一九八七。※引用書では「エバ」と表記されているが、本著では「イヴ」と表記した。

7 井筒俊彦訳『コーラン』では、「男の子には女の子の二人分を……男と（女）との間には優劣をおつけになったのだし、また（生活に必要な）金は男が出すのだから、この点で男の方が女の上に立つべきもの。反抗的になりそうな心配のある女はよく諭し、それでも駄目なら寝床に追いやってこらしめ……現に、彼らの誰でも、女のお子さんですと言われるとたちまち、さっと顔色を黒くして、胸は恨みに煮えかえり……あまりの嫌な知らせに、仲間から身を隠してしまう」と訳されている。(井筒俊彦・訳『コーラン』岩波書店、(上)一九五七/(中)一九六四/(下)一九五八)

8 田辺繁子・訳『マヌの法典』岩波文庫、一九五三。

9 クォールズ - コルベット:アメリカで開業するユング派分析家であり、「聖娼」や「ディオニュソス神と神秘宗教」などのテーマで、全米各地やカナダにおいてたびたび講演を行っている。イタリア、エジプト、ギリシャなど古代の宗教的儀式が行われた土地へ赴き、そこで開催されるユング派のセミナーで講師を務めている。また、ユング派分析家の地域連合協会における上級分析家の資格をもち、あらゆる段階のトレーニングの仕事にも携わっている。(N・クォールズ - コルベット・著、菅野信夫、高石恭子・訳『聖娼 永遠なる女性の姿』日本評論社、一九九八の著者紹介より)

第15章 混乱したイヴ

女性の前進も後退も一般に軍隊の用語で語られる。戦いに勝利した、戦いに敗れた、敵地占拠、降伏といった具合に。

スーザン・ファルーディ

これまでの章ですでに述べたが、おそらく我々は現在、「混乱したイヴ」の時代の始まりを経験しているところである。ラテンアメリカの国々においてさえ、女性たちはもはや以前のようなふるまいはせず、自分たちの権利のために戦い、これまで何世紀にもわたって押しつけられてきた屈辱から抜け出そうとし、勇敢にも、違法で悪魔のような危険な人物という自分たちのイメージを浄化し修正しようとしている。しかし、それは容易なことではない。なぜなら、**普遍的な女性の原理**の追求において、女性たちは、時に生物学的、時に文化的な偶然の力によって左右され、自身の**内なる**女性性を目指す困難な探求ではなく、男性の外見を志向し、「他者」を魅了させる方向や、見かけ上の男性性の方向という最も安易な道へと宿命的に向かっていたからである。「混乱したイヴ」は、生物学によって仕掛けられた罠にはまり、見せかけの理想化された男根の支配下に入り、より困難だが真実に近い、彼女自身の隠れたアイデンティティの探求を怠った。その結果、男根像に魅了され、生まれながらのヴァギナの「傷」にぞっとし、それを存在より不在として経験している。

近年、女性たちは、これまで男性たちによって支配されてきただけでなく、女性たちに禁じられてきた立場も手に入れることができるようになってきた。今や女性たちは投票することができ、政治と同様にビジネスにおいても重要な地位を得ることができる。しかし、女性たちが厳しい戦いの末に勝ち得たそうした利点のほとんどは、彼女たちが自身の女性性に近づくことには役立ってこなかった。それどころか、女性たちはしばしば男性たちとの競争に駆り立てられ、女性性を役に立たない空虚なもの、男性性を真似すべきものとして経験しているようである。たとえば、女性たちは現在、彼女たちを特別扱いしようとする男性たちのあらゆる試みを警戒し、連れの男性が車のドアを開けたり夕食をごちそうしたりすると大抵憤慨し、褒め言葉でさえもセクシャルハラスメントやある種の蔑みとして体験するほどである。こういったことから、これまでの女性の自由化運動は失敗し、フェミニストのスーザン・ファルーディがバックラッシュとして言及した状況を作り出したのだと私は考える。

女性の権利をめぐるバックラッシュはアメリカの歴史においては目新しいものではない。実際それは繰り返し起こる現象である。女性が平等に向かって前進し始めようとするたびに、女性性の短い文化的な開花をすぐさま霜枯れさせるような事態が再び起きることは避けがたい……。アメリカの女性たちはこの漸近的スパイラルにとらわれており、何世代にもわたって際限なく回りながら、決して到達することのない運命に絶えず近づこうとしている。一つ一つの革命が、決められた軌道から女性を自由にし、最終的には女性に人間的公正公平と尊厳を充分に与えるという確固たる「革命」を約束する。(1991, p.26)

そして作家アン・ダグラスも次のように述べている。「我々の文化における女性の発展は、他の種類の『発展』とは異なり、常に奇妙に可逆性がある」(1977, p.199)

このような発言の背景にあるのは、女性たちがこれまで、あたかも自由を達成する責任は他者にあるかのように、つまり、その解決は外側、男性からもたらされるべきであり、女性らしさの内的な変化からもたらされるものではないかのように、外部から自由を達成しようと試みてきたという事実である。ジョン・テイラーは近年この状況を「私を責めないで」という被害文化だと述べている。

これは奇妙な現象で、すべての信条、人種、収入、若者や老人、体の弱い人や頑強な人、罪人や無実の人といったことに関係なく、アメリカ人の中に高まっている強迫的な衝動であり、自身を犠牲者とみなし、自身の生活における誤ったこと、あるいは不完全なこと、あるいはただ単に不愉快であることを何でも、誰かや何かのせいにして非難しようとする。(1991)

もし男性性が賞賛され女性性が脱価値化されるなら、女性たちは徐々に雄性化されるであろうと我々は推測できる。 かつては男性たちの間で一般的だった多くの病気、たとえば心臓病、肺がんなどが今や女性にもしばしばみられることが統計的に示されている。一方で、子宮内膜症は以前よりかなり広まっている。これは機能している子宮内膜組織があるべきでないところに存在する病気である。言い換えれば、これはすべての女性たちに通常みられるように経血を体外に流すのではなく、経血が体内に流れる傾向であり、女らしさへの抗議を意味する心理的メカニズムである。

もし女性たちがより男性化したら、必然的に女性たちは男の子孫を女性化させるであろうと考えられる。実際に今日、多くの若い男性が髪を伸ばしたりイヤリングをしたり、性的な曖昧さを強めたりするなどの行動にこの傾向が表れている。しかし、それは代償として男の攻撃性あるいはマッチョで雄々しい行動の増加という逆説的な反応をも引き起こす。

少し前、ヨーロッパのサッカートーナメントで我々が目撃した一連の出来事の主人公である(1)イギリス人の若者たちが何度も示した攻撃性はあまりにも恐ろしく、警察の介入だけではなく、多くのイタリア人の死によってようやく騒動が収束したほどであった。その時私が気づいたことは、イギリス人の他国民に対する過剰な反応は、サッチャー夫人とエリザベス女王というその当時の彼らの主なリーダーが女性だったがゆえの補償的なマッチョ反応であるというものである。フロイトはかつて、男性の攻撃性は去勢不安と関連しており、その恐怖はペニスが欠けている女性の外見を見ることによってすでに増幅されていると述べた。当時、手本とするパワフルな「男の首長」をもっていなかったイギリスの若者たちは、「去勢」を異なる緯度の地域の人々に押しつけようと無意識的に決め、「お前たちが去勢されているやつらだ、俺たちは違う」というサディスティックな物言いをしたのだと思われる。

戦争においても同様の力動が存在しているようであり、女性が男性を真似たり、特殊な歴史的状況が女性に強制したりしたほんの数例を除いて、戦争は常に男性によって開始され遂行されており、決して女性によってはなされていない。加えて、平和主義の運動は大抵女性たちによって広められている。キリスト教哲学は常に極端なほど平和主義を賛美してきた。「裁かれたくなければ裁くな」「汝の敵を愛し、汝を呪う者への神の恩恵を祈れ」というのはイエスによって説かれた概念である。そして彼の慈悲深さから、本当の去勢に最も近い行為である割礼がなされる余地はなかった。

キリストにはおそらく最終的に割礼を廃止する教義を探求しようという考えがあったからこそ、洗礼者ヨハネはキリストの優れた直観的洞察を受けた最も偉大な啓示者の一人になったのである。ヨハネの発見は、旧約聖書の「原罪」の問題に対する優れた解決法であった。洗礼者ヨハネの後、この罪は**削り取られる**代わりに**洗い清められる**ことが可能になった。結局、無意識の観点からすると、我々が罪深いと考えるものを何でも洗い清めたり切り取ったりすることは、まさに同様の暗示的意味をもつ。私が考えるに、キリストが彼を追随する者に遺した最も偉大で最も重要な遺産は**包皮**であった。

近年、医学界に起こっている動きの中では、イエスの優れた貢献に反し、衛生上の理由から割礼の必要性が説かれている。割礼という過去の慣例は、洗浄するための新鮮な水が不足していた砂漠の高温地域に住む人々のために正当化されてきたに違いないとも考えられる。しかし、もしその不衛生という脅威が本当にそれほど決定的なものだったとしたら、いかにして洗礼者ヨハネやキリストの人道的采配が身体の病気の危険性を上回ったのか。**割礼は去勢の実際の行為ととても近いため**、小さい男の子たちが割礼の瞬間（または弟たちにそれが行われるのを目撃する時）に経験するに違いない極めて深刻なフラストレーションは、痛み以外に、実際の脅威と同じくらい重大な不能感と屈辱感を生むであろう。一方、この「去勢」は大人のより大きな力に服従するという子どもの本質的な無力さがあるからこそ行うことが可能となる行為である。おそらく、儀式としての意味合いがより小さい割礼と、子どもの頭を岩に打ちつけて割り、生贄《いけにえ》としてモレク(2)（モーゼの時代より前に崇拝されていた早期のヘブライの神）に差し出すこととの間には関係がある。**私は、割礼は現代行われている中で最も原始的で血なまぐさい宗教的儀式を代表していると思う。**

また、私は多くのユダヤ人が今なお経験している二重のアイデンティティの難しさは、そのような儀式を実践していることから生じているのではないかと疑っている。その儀式は、去勢の実際の行為に近似し、象徴的とは言いがたいものがある。この儀式の間、割礼経験者である父親は自分の男系子孫の割礼を手助けし、一方で母親は受身的に参加することによって共謀の一端を担う。突然、両親が共に処刑者になるため、この儀式の際に子どもが経験する恐怖とはかりしれない心細さは、深い不信の念を引き起こすに違いない。この状況はおそらく、ショックを受け極度に恐れるイサクが、アブラハムのナイフに直面し耐えなければならず、その間サラが何の抗議を申し立てることもしなかったのと似ている。[3] そのような孤独や悲しみや心細さは、裏切られ根無し草になったという犠牲者の根深い感覚につながる。我々が皆子どもの時に本質的な依存を向ける最大の相手である両親が寝返り、最も強い親密な間柄を象徴的に表す母親さえもよそよそしくなるため、信頼が消失する。やはり、アイデンティティの感覚の核を構成するためには、母親（象徴的にはガイア、[4] 地球、家、母国）が絶対不可欠であり、そのためには母親に所有される、もしくは属しているという感覚が必要である。母親自身が反逆罪を犯したという疑いは、補償として、他の所属先や、信頼と希望を提供する理想化された地もしくは**約束の地**を探そうとする欲求を無意識的に引き起こす。同様のことは父親に対しても起こるに違いなく、彼もまた救世主として理想化された形で経験されており、常に待望されている人であり、救世主が「降臨」したと信じられればこの感情は鎮まる。その後、非常に驚くべきことに、彼はもはや救世主とはみなされない。この葛藤の結果として、「さまよえるユダヤ人」というファンタジーが発展してきたのかもしれない。

また、割礼の行為においても無意識の「子殺し」の傾向、もしくは我が子を殺したいという母親の無意識的願望の存在を認めることができるが、その概念はアルゼンチンの精神分析家アーノルド・ラスコフスキー（Arnoldo Raskovsky）によって強調されており、私も過去に「イサク・コンプレックス」として言及したものである。私は、アラブ人とユダヤ人という共に去勢された者同士の血なまぐさい永久的な闘争には、無意識を規定する報復の法（**復讐法**：「目には目を、歯には歯を」）が存在しているのではないかと推測する。そのような戦いは、包皮の喪失と何らかの関係があるのではないかと思われ、あたかも関係者それぞれが相手に「去勢」の責任があると非難しているかのようである。**両者どちらも包皮の喪失を悼むことができないため、それは永久戦争のように続く。**

フロイトが女性の「ペニス羨望」と男性の「去勢コンプレックス」の概念について述べた時、彼は十九世紀から二十世紀への変わり目に治療していた患者の心理的プロフィールへの所見を反映させていた。女性たちの思考は「混乱したイヴ」の特徴により一致しており、それ以前の、母性に対する男性の羨望や、女性を悪魔そのものと同一視する男性の防衛的欲求が最も重要な無意識の要素だった「罪を犯したイヴ」の時代とは区別される。

あるイヴから別のイヴへの変化は、女性たちのたゆまぬ奮闘だけでなく、科学的発展によるものでもある。顕微鏡での観察によって得られた新しい発見のおかげで、男性は自分たちも生殖の行為において絶対不可欠な役割を担っていることを認識し始め、女性の母性に対する羨望が軽減され、自らの疑いようのない父性に安心し、男らしい役割をより受け入れるようになった。彼は今や父であり、単なる傍観者、立会人ではない。男性の羨望が減少するにつれて、女性たちを征服したり競って貶めたりしようとする欲求も減っただけでなく、[1]このような態度の変化によって、女性に対する悪魔のようなイメージや女性の前時代の恥辱が霧散したため、「罪を犯したイヴ」から「混乱したイヴ」への転換もが促された。すると今度は、羨望が男性たちから女性たちに移っていき、彼女たちは、服従や屈辱や恥を男根的な理想化に置き換えた。将来、「混乱したイヴ」から「無実を立証されたイヴ」に変化するかどうかは、男性たちと女性たちの関係性というよりも、むしろ**女性たち自身が自身のアイデンティティや隠されたセクシャリティの真のルーツを見つけ、インプリンティングの力や自身の知性に対する権利について恐れることなく内界を探索するキャパシティー**にかかっているであろう。

《原注》

I　例として、十六〜十七世紀のフランスの法廷における男性の衣服、化粧、気取った様子を考えてみよう。

《訳注》

1　一九八五年五月にブリュッセルのヘイゼル・スタジアムで、三十九人のユヴェントスのファンがリヴァプールのファンの暴行を受けて死亡した事件。（トニー・メイソン・著、松村高夫、山内文明・訳『英国スポーツの文化』同文舘出版、一九九一）

2 古代セム人が「王」を意味する種々の名で呼んだ神で、モレクは旧約聖書での呼称。旧約聖書によれば同神の祭儀は小児犠牲を伴った。（加藤周一・編『世界大百科事典 改訂新版』平凡社、二〇〇七）

3 アブラハムは紀元前十八～十六世紀頃のヘブライ民族の創始者。ユダヤ教、イスラム教、キリスト教の伝承では、父として表象されている。アブラハム九十九歳、その妻サラ九十歳で息子イサクを授かった。イサクの少年時代、アブラハムの神に対する従順の程が恐ろしい形で試されることになった。イサクを遠くの山の頂に連れて行き、犠牲として主にささげるよう命じられたのだ。イサクは尋ねた。「火と薪はここにありますが、焼き尽くす献げ物にする小羊はどこにいるのですか」。（創世記二二：七）アブラハムは、神が小羊を備えてくださるとあいまいに答えた。犠牲をささげる場所に、アブラハムは祭壇を立て、その上に薪を並べ、息子を縛ってその上に載せた。彼が手を刃物に伸ばしたとき、神の御使いが呼びかけた。そして近くの茂みにいる小羊を、イサクの代わりに献げ物としてささげた。（ジョアン・コメイ・著、関谷定夫・訳『旧約聖書人名事典』東洋書林、一九九六）

4 自己制御機構をもつ一つの巨大な生命体としてみた地球。

第16章 アダム

私が「軟弱な男」と呼ぶ現象は今日全国的にみられる。
時に、私の講演の聴衆を見渡すと、
おそらく若い男たちの半分は私が軟弱と呼ぶ人である。

ロバート・ブライ

男性の優勢は、彼が妻を奴隷にしてきたということではなく、
彼が妻を自由にしてきたということによって示されるだろう。

ユージーン・V・デブス[1]（Eugene V. Debs）

とても意味深いことに、女性性について記述された書物はたくさんあるが、男性性について言及されたものはほとんどなく、まるで前者はとても多くの説明を必要とし、後者はその必要がほとんどないかのようである。男性性はかなり明確で可視的であり、曖昧な謎は残されていないが、その一方で女性性はあまりにも不明瞭で、隠されており、ミステリアスであるため、初心者向けの情報だけでなく科学的な情報においてもそのような相違が生じることは充分に理解できる。なぜなら、男の有形性は、好奇心を喚起するわけではないが、女のマゾヒズムは男女問わずたくさんの文筆家たちに、女性たちを史実に基づく恥辱から救い出させようとするからである。

前述のように、男性たちの触知できるセクシャリティは確かに彼らの考え方に影響している。なぜなら、彼らは自身のアイデンティティを見つけ出すためにいかなる抽象概念をも必要としないからである。彼らはまた、月経、処女性、妊娠といった脅威に直面する必要はなく、そして彼らのセクシャリティは、家族や社会に支えられているため、よりオープンに発揮される。たとえば、ラテンアメリカの社会では、この相違がしばしば次のような議論の中で表現される。男性たちは異性愛であることを積極的に表明しないとホモセクシャルだと疑われるが、一方女性たちが男性と同様に行動すると、売春していると疑われる。そのため女性たちは一般的に男性たちより責任感や罪悪感を感じやすく、依存的であり、結果的にうつ病にかかりやすい傾向にある。しかしこれは単なる見せかけの状態にすぎず、もし我々が男の子たちと女の子たちの心理性的発達を比較するならば、我々は表面上観察されるものと、内的に存在するものとの間に相違があることに気づくだろう。

男の子たちは一般的に、父親と同一化することによって、母親が行使する引力を打ち破るが、父親がこのプロセスを許容し、穏やかに進めさせることで、男の子たちは男としての父親の立場に徐々に立ち、その立ち位置から母親をとても魅力的ではあるが、禁断の人としてみなすようになる。[1] しかし、この状況は居心地が悪く困難なものであるからこそ、青年期の男子たちは母親をあきらめ、近親姦的願望に対する罪悪感から逃れ、父親のライバルになることも避けるために、身内以外の女たちを探すことでこの状況を打破する。言い換えれば、それはジークムント・フロイトが男のエディプス・コンプレックスとして記述したものである。私がちょうど述べたように、父親との同一化のプロセスにおいて男の子たちはライバルとしての父親も発見するが、ライバル関係にならない母親からは無条件の愛情を受ける。この状況は女の子ではかなり異なる。女の子たちは母親からの愛情を無条件に受けるが、少なくとも通常の環境において、父親に目を向けた際に、彼女たちはライバルではなく良い意味での「誘惑者」を発見する。要約すると、これらの観察から、男の子たちは「一つを得て」、女の子たちは「二つを得る」と結論づけられるだろう。本質的には男の子よりも女の子の方がより強いという意味で、この状況は男女双方の性格構造に決定的な影響を与えており、だからこそ一般的に女性たちは男性たちよりも孤独に耐えることができるのである。同時に、娘と同一化する母親の傾向は、娘と共生関係を構築する可能性を高め、そしてその状況は後に女性たちの情緒的なオーバーリアクションと依存という傾向を強めることになるが、それは男性たちがよりうまく情緒をコントロールし、より客観的である傾向とは対照的である。

先史時代、男たちは、女たちの弱いエストロゲンに自身の男性ホルモンの力を押しつけていたが、同時に、男性たちは、母性、つまり「たった一人で」生命を生み出す女性たちの能力の驚くべき神秘を、理解することなくじっと見つめていた。女性たちが生命を創造し、インプリンティングの力をもつ、神に選ばれた唯一の存在であるという事実によって引き起こされる羨望は、女性たちを服従させようとする男性たちの欲求を決定づけている。男性たちは、身体的な強さだけでなく魔法も使うことによってこれを成し遂げ、女性たちを罪深く悪魔のように汚れたものであるとでっちあげると同時に、男性性を至上とする宗教を捏造《ねつぞう》した。これが、「罪を犯したイヴ」の起源であり、当時は生き延びるために筋力が必須であったため、男性優位を支持するほかなかったのである。言い換えれば、「罪を犯したイヴ」は自身の息子のマッチョパフォーマンスを賞賛し、いずれ成長した息子は他の女性たちを絶対的支配下に置くことによって循環を完成させた。女性たちは自身を飾り立てることにのみインプリンティングの力を行使していたため、知的な能力を使うことは決してなかった。また、女性たちは自身の身体や肉体的魅力の維持に心血を注いでいたため、自身の他の才能に目を向けるゆとりがほとんどなかった。たとえば一三一五年、ハンガリーのクレマンス・ド・オングリーはフランスのルイ十世と婚約したことにとても満足していた。なぜなら彼女は当時二十四歳ですでにオールドミスとみなされていたからである。

マッチョな男性たちは「罪を犯したイヴ」だけでなくマッチョな男性たちをも生み出すが、他のマッチョな男性たちによってもたらされる競争を恐れ、脅威を抱き、男根的なライバル心と去勢の恐怖から戦争を始め、何かと口実を見つけてそれを正当化する。十九世紀末から二十世紀初頭にかけて、精神分析学は女性たちに、マゾヒスティックな特性、インプリンティングの力についての罪悪感、そして自身のセクシャリティへの恐怖をより自覚させた。しかし、女性たちはその答えを自身の中に探そうとはせず、代わりに男性たちを真似ようとした。これが「混乱したイヴ」の登場のきっかけとなり、より攻撃的な女性たちとより受け身的な男性たちを生み出した。言い換えれば、彼女たちは「両性的世代」の到来を担っている。つい先頃、元フェミニストで、現在はマスキュリニストの詩人であるロバート・ブライは、同僚のキース・トンプソンとの書面による会話の中で、今日の男性の問題は、「軟弱な男たち」という新しい世代の在り方にあると理解したと述べている。なぜなら、彼が言うには、かつて六〇年代のフェミニストの女性たちが出した声明では、この新しく強い女たちは伴侶として軟弱な男たちしか望んでいないからである（1982, p.30）。ブライと彼の支持者たちによると、この問題を「解決」するためには、彼らを男性限定の混雑した週末マラソンに参加させ、「軟弱な男たち」の内から「ワイルドな男性」の特性を絞り出すことが必要である。この週末マラソンでは、良い「マッチョ」の群れを表すと信じられている狼や雄牛といったさまざまな動物を真似ることを主に教わる。失われた男のアイデンティティを探し求めるために動物を真似る「マスキュリニストたち」は、失われた女のアイデンティティを探し求めるために男性を真似る「フェミニストたち」よりも明らかにたちが悪い。真似することでしか答えを見つけ出そうとしない問題が、非常に安易で表面的なこの種の心理学全般でしばしばみられ、無意識の葛藤や動機の慎重な探究を放置させていると私は思う。

「両性的世代」は、過去の二つの世界大戦時にみられたような大規模な対立を避けるので、前の「マッチョ世代」よりは平和的であろうが、平和は飢餓と貧困に関するマルサス主義の予測を現実のものとするだろう。[II]

今日、「軟弱な男たち」（「混乱したイヴ」の子どもたち）の増加、もしくは社会的な受容の拡大、あるいは両方の影響により、ホモセクシャリティが増加しているように思われる。ホモセクシャリティの増加は、倫理的、法的、道徳的葛藤、もしくは「同性愛嫌悪」の問題をさほど発生させない。私が考えるに、真の論争は、ホモセクシャリティのさらなる受容と合法化が、家族などといったとても重要な慣習の本質や、さらに年月を重ねると人という種全体をも脅かすことになるだろうという事実に由来する。人間は動物界全体において最も脆い生物である。我々は確かな落ち着きを確実に感じること、つまり幼少の未熟な時期に「抱える」環境を提供する両親や一貫した環境の存在を必要とする。ホモセクシャルの人は皆かなりの苦痛も抱くが、その理由を簡潔に述べると、生物学の自然な流れに反抗する人間の発達の各段階には莫大なエネルギーが必要とされ、その段階を維持するために多大な犠牲が求められるからである。ホモセクシャルの人は皆、彼や彼女自身のセクシャリティを拒否し、大抵反対の性を望むが、この混乱は常に深い苦しみ、不満、低い自尊心の源泉となっている。

　しかしながら、もし「罪を犯したイヴ」のパートナーが「マッチョな男性」で、「両性的な人」が「混乱したイヴ」の相手であったなら、「無実を立証されたイヴ」によって生み出される未来の男性は、より理性的な人であり、男性ホルモンの力を押しつけるより共有しようとし、彼は明らかに論理の力によって導かれることになると私は考える。男性性は女性性と反対のものではなく、それを補うもの、対照的なものと考えられるようになるため、カップル[III]の相互交流は競争的というより相補的になるだろう。男女のパートナーは、単に異なるだけであり、親交の豊かさと魅惑を共有し増幅させるだろう。

《原注》

Ⅰ　男性の勃起不全は、早期の生育歴における母親から息子への誘惑的あるいは露出症的行動としばしば関連づけられるが、このようなふるまいは「開放性」もしくは「自然な」生き方を象徴するという合理化の背後にしばしば隠蔽される。

Ⅱ　トマス・ロバート・マルサスはイギリスの経済学者であり、人口が幾何学的数列で増加する一方、食糧は算術的に増加するため、要するに、もし物事がその方向に進むなら人々はカニバリズムに走らざるをえないだろうという理論を十八世紀末に打ち立て、すべての洗練された世界を動揺させた。

Ⅲ　ここ十年のうちに、ラテンアメリカ人はカップルを示す言葉として「平等」や「同等」も意味する〝**pareja**〟をよく使うようになった。

《訳注》

1　一八五五―一九二六。アメリカの労働・社会主義運動の指導者。アメリカ社会民主党から一度、アメリカ社会党から四度、大統領候補としてアメリカ大統領選挙に出馬した。彼を急進的ポピュリスト、社会主義者のいずれと見るかは議論なしとしないが、アメリカ史上、最も人気のあった民衆指導者の一人であることは否定しえない。（加藤周一・編『世界大百科事典　改訂新版』平凡社、二〇〇七）

第17章　無実を立証されたイヴ

みずがめ座の時代[1]が到来するという私の展望の中では、
女性たちが我々の最も深い魂の潜在性を広げ、
世界中の人々にとって、政治的、経済的、かつ社会的に恵まれた
平等なシステムを創造することになるであろう。

チャー・マッキー（Char McKee）

この小論で紹介した中心的な仮説は、人類の社会的側面が女性の心理の連続的変容によって大きく左右されることを明らかにしているが、その理由は、女性が人生の始まりの構成要因で

あり、インプリンティングの力や影響力を伴い、男性たちと女性たち両方の行く末を左右する決定的な要素だからである。また、女性たちは、果てしないスパイラルのように科学や新しい進歩および発明によって影響を受けており、それはたとえば哺乳瓶や新しい避妊方法のような進歩が二十世紀の女性たちの自由の拡大に大きく貢献したのと同じことである。未来の発見は、女性たちの心理社会的構造に影響を与え続け、前の章で私が述べたように、心理的変数と同様に、生物学的変数、たとえば月経や妊娠でさえも変えるであろう。

避妊は女性たちの目新しい望みではなく、古代より考えられてきたことである。ギリシャ人やローマ人と同様に、エジプト人はいろいろな方法を推奨し、いくつかは不合理で魔術的であったが、その他はまさに論理的なものであった。最も一般的なものは**膣外射精の性交**で、「オナニー(2)(onanism)」としても知られており、ユダの息子のオナンが父親から兄の妻と子作りをするように命令されたが、父に背き精液を床に漏らしたという聖書に由来する(創世記三八:九)(3)。ロンドン出身の仕立屋フランシス・プレイス(4)(Francis Place)は、妻が生んだ十五人の子どもにすっかり困惑していたか、もしくは、多くの衣服を縫って疲れ果てたのか、または、その両方であったのかもしれないが、彼は将来の食糧不足についてマルサスが以前予測したことに感化され、一八二二年に最初の避妊促進運動を行い、差し迫る飢饉を回避するために出産調整の必要性を主張した。しかしながら、当時の彼の考えは体制に根づくほどには普及しなかった。

最も初期の避妊具の一つは、コンドームである。よく知られた俗説によると、「陽気な君主」として知られ、多くの愛人がいたことで有名な英国王チャールズ二世の侍医であったコンドーム博士が発明したとされるが、実際には「陽気な君主」よりもかなり遡った時代にコンドームの使用が認められている。最初のコンドームは麻や動物の腸で作られており、全く気持ちよくなかったため、一八三九年にチャールズ・グッドイヤー[5]（Charles Goodyear）が硬化ゴムコンドームを発見するまで、人々は**膣外射精の性交**を好んだ。ラテックス[6]が発明され、現代の我々が知っているコンドームになるまでに、さらに百年を要した。しかしながら、形態や種類が多岐にわたるあらゆる避妊方法の中で、「ピル」が女性の自由に最も大きく貢献し、それは男性の育児参加をもたらした哺乳瓶とまさに同じようなものである。

私が「無実を立証されたイヴ」と名づけた未来の女性は、来たる何世紀かの間に、多くの試練を克服することになるであろうが、なかでも非常に重要なのは、けた外れな罪悪感を誘発し、それと同時に解離したセクシャリティを生み出し、女性たちが自身の身体の完全な所有者となることを難しくしているインプリンティングの力である。マゾヒズムの本質的な感覚のほとんどは、明らかにこの罪悪感によるものである。ひとたびこれらの感覚が克服されると、女性たちは、「混乱したイヴ」に現在みられるような男性たちを真似しようとする欲求を放棄し、自身の強靭《きょうじん》な女性らしさの感覚の最も深い中核に分け入り、自身の資質の内に、本当のアイデンティティや、マーリン・ストーンのような女性性の研究者が**普遍的な女性の原理**と言及してきたものを探し求めるであろう。一般に、女性たちの進歩を間違いなく助けるであろう二つの領域があると私は考えており、一つは**心理学**であり、もう一つは**電子工学**である。前者は、女性たちが自身のマゾヒズムに打ち勝ち、自身の身体を救い、唯一の持ち主となり、インプリンティングの本来の力に対する権利を実感し、知識恐怖症などを発症させるかもしれない性的な考えを、動揺することなく自由に思考する特権を感じさせてくれるであろう。後者の電子工学は、女性たちがエストロゲンによる脆弱さを乗り越えるのを助け、日々要求される退屈な家事を請け負う人工知能で動く機械が作られることで、肉体的な力が不要になり、女性たちが家事の雑用から離れて時間をとれるようにしてくれるであろう。

しかし、インプリンティングの力には重大な危険性が潜んでいることが暗示されており、時を経ていずれその力を超越しなければ、後々本当の脅威となる。その力は、知的な達成感よりも、ただ外見的で一時的な価値や容貌といった単なる肉体による支配を容認することになり、ひどい結果を招くであろう。次の章で、私はこの苦境について言及する。

《訳注》

1　愛と平和の時代を指す。「水瓶座の時代（age of aquarius）」は、西洋占星術に由来し、黄道上を移動する春分点が、二十世紀後半に魚座から水瓶座に入るという主張による。春分点が魚座にあった時代は、キリスト生誕から現在までの約二千年と重なるため、水瓶座の時代に入るということは既存の西洋文明やキリスト教の支配する時代が終わり、新しい時代の幕が開くという意味が込められている。

2　オナンがおこなった膣外射精の語義が転じて、生殖を目的としない射精行為はオナニーという言葉が使われるようになった。

3　第三八章九節：オナンはその種が自分の子とならぬことを知っていたので、兄の妻の所へ入るたびごとに、兄に種を与えないように地に無駄に流した。（関根正雄・訳『旧約聖書　創世記』岩波文庫、一九五六）

4　一七七一―一八五四。イギリスの社会改革運動家。

5　一八〇〇―一八六〇。アメリカ合衆国の発明家。

6　ゴムノキの樹皮に傷をつけるとにじみ出る乳白色の粘性のある液体。ゴム成分を三五～五〇パーセント含み、これを凝固させて生ゴムとする。合成ゴムでも各種ゴムを作る前のものをいう。（松村明・監修『デジタル大辞泉』小学館、二〇一〇）

第18章 インプリンティングを越えて

……魂が満足する時
どちらの性を受け入れるか、それとも両方か。
とてもやわらかく混じりけのないものがそれらの本質なのである……。
ジョン・ミルトン『失楽園』

今後、人類の進化のほとんどは、次の四つの異なる領域の進展次第で決まるであろう。一つ目は**通信と交通**（電子工学）、二つ目は**生物学と医学**、三つ目は**社会的エントロピー**、そして最後は**女性たち**である。これらのすべての領域のうち、エントロピーについては少し説明が必要である。物理学では、それはシステムにおける分子の無秩序さの度合いであり、熱力学の第二法則の中心概念である。その概念は、生物学と社会学の領域にも導入され、宇宙に現存する、もしくは現存していた事象やエネルギーが、社会や文化と同様に、継時的な散逸を起こし、均一で等質な最終形態へと向かうことを説明した。つい最近、我々は四十五年以上建っていたベルリンの壁の崩壊を目撃した。それは中国の万里の長城のように永久に存在するであろうと誰もが信じていたが、そうした分断を維持しておくために必要とされていた「仕掛け」があまりに多大な労力を要するため、共産主義当局はもはやそれを存続させることが難しくなったのである。それはまるで古い冷蔵庫がそれ自身の連続的な振動によって磨耗し、絶え間なく打ちつけるエントロピーの刺激に負け、ついには壊れることと似ていた。ベルリンの壁と同様、多くの第三世界の国々の独裁者たちも永続的にその地位に留まれないかもしれないと怯えている。これまで竹も鉄も鋼のカーテンもエントロピーの力強い運命には抗えなかったことから、ごく近い将来、ロシアやその同盟国など、元共産主義国の社会構造が、カナダやスウェーデンやその他多数の国々の社会構造と似かよっていくのを我々は見ることになるであろう。国籍、肌の色、通貨など、さまざまな違いはあれど、世界全体はゆっくりと均一化の方向へ進んでいる。

女性たちについて、私は将来女性性が発展するであろう多くの領域についてすでに議論してきた。たとえば、インプリンティングの力には、心がうわべだけの価値や、若さや外側の美しさのみに重きをおいて判断するかもしれないというリスクが伴っており、人間は時間や老化や身体的外見の劣化を止められない運命に直面しているからこそ、なおさらそのリスクは高まる。インプリンティングは女性たちの心の深部に永遠に刻み込まれており、潜在的で切り離せないものだが、身体は劣化し、過去に妊娠したり母であったりした時の魅力や色気を徐々に失う。

人間、特に女性たちが、このような喪失や、生物学的であらかじめ定められた変貌によって引き起こされる心痛に立ち向かうために必要とする強さの源は、何よりも、早期乳児期に家族から提供される愛情と理解である。多くの人は、若さを喪失する痛みを中和して立派な大人になり、さらには知的に生産力のある老年期を迎えることができるが、そこまで幸運ではない人々は、喪失に伴う激変に圧倒され、人生そのものまでも無為に費やす。例を挙げればきりがないが、二つ挙げるとすれば、マリリン・モンロー(1)とエルヴィス・プレスリー(2)の悲運は未だ記憶に新しい。その一方で、化粧品業界や形成外科、歳月によって刻まれた跡を消し去るという魔法の香油の生産に何百万ドルもが投資されている。しかし最終的には、特に女性たちの内的な豊かさや自尊心や愛する能力といった要素のみが、インプリンティングの絶対的、支配的な引力を軽減させ、それに勝る性質となるであろう。この超越は、女性たちが若い時に行使していたインプリンティングの力を、人生の目的を実感することができるような将来的な計画に置き換えることを意味する。そのようにして、新しい人生を生み出したり、知的で芸術的な創造性を獲得したりしていくのである。

インプリンティングは男性の目を通して女性に喧伝（herald）されている。そこでは女性は男性の熱視線の中に自らを映し出す。そしてまた、息子の無意識的記憶の中に閉じ込められたままの若い母親イメージによってもインプリンティングは喧伝されている。この初期のイメージは、時間と加齢によって引き起こされる変形と徐々に対照を成し、そのコントラストは、オスカー・ワイルド(3)の有名な作品『ドリアン・グレイの肖像』(4)を連想させる。ここで特に重要なことは、若さがもつメリットの喪失と加齢の恐怖にまつわるこの物語が、ホモセクシャルの男性作家によって語られたということである。男性たちも自身の身体、とりわけナルシスティックな性質を美化する必要性に迫られていることが明らかである。フロイトの時代から知られていることだが、人間の魂は一般にバイセクシャルであり、一方のジェンダーがもう一方のジェンダーより優勢になることで、最終的にある特定のアイデンティティが保証される。男性たちも自身を美しく飾り立てることを好む時、彼らは自身の女性的な部分――**内なる女性**――を飾ろうとしていると私は考えており、それは、彼らが子どもの頃に取り去られたり組み入れられたりしてきたであろう、女性たちのインプリンティングの力の一部を表している。男性たちは自身の中で女性的であると感じるものはどのようなものでも飾り立てようとする。女性たちのインプリンティングの力に対する男性たちの羨望は、歴史の中で、男性たちが装ってきたさまざまなファッションスタイルにみられ、たとえば一七〇〇～一八〇〇年代のフランス法廷におけるファッションや、今日で言えば長髪、イヤリング、洋服など、若い男たちの近代的なファッションの多くに表れている。

男性たちはインプリンティングの力に盲目的に従うため、身体的な魅力に大きな価値が置かれ、どんな女性の肉体をも不特定に求めてきた。このことは、自身の内に極めて複雑なときめき（palpitate）を抱える人間として女性たちを扱うのではなく、単なる物として扱うというリスクを引き起こす。男にとって、インプリンティングには名前がない、つまり特定の対象がないため、どの女を相手にしても自動的に区別なく発動される。一方女性たちは、男性が女性を区別したり個別化することができないと、自分たちの関係や関わり合いにとって著しい脅威になると感じるため、大抵は**唯一無二の存在**であろうとする欲求を抱いている。言い換えれば、女性たちがしばしば伴侶の男性に誠実であることを求めるのは、彼らが**あらゆる女性**の身体において、**たとえそれがほんの「ひよっこ（chick）」**[5]**にすぎなくとも**、曖昧で不特定なインプリンティングの要求に常に反応するという事実に対して、女性が恐怖を覚えているからなのである。

結果的に、女性は次の二つの脅威に対する補償として、自身だけが伴侶の欲望を受ける特別な対象となることを要求する。**一つ目は、加齢に伴って衰えるインプリンティングの力という**

脅威である。二つ目は、男性の欲望の中核において、女性は唯一無二の対象ではなく、曖昧で漠然とした対象であると知るという脅威である。女性たちは常に男性を一人の人として彼の名前で呼ぶが、男性たちはしばしば女性たちを物とみなし、「尻軽（a piece of tail）」[6]「ひよっこ」、スペイン語では「尻《けつ》（ass）」[7]など、大抵身体のパーツで呼ぶ。

カップルの心の内に、相手に貞節を守るよう要求する気持ちが生じるのは、大抵、継続的な関係を維持したいという欲求が元になっている。男性たちに対する女性たちの願望は、インプリンティング、つまり男性たちの身体の魅力にそれほど依拠していないため、一般的に女性たちの方が貞節を守りやすい。同じ理由で、女性たちは男性たちより伴侶の加齢を受け入れる準備ができているが、一方男性たちはインプリンティングに呼応し、常により若い身体を好む。カップルは、女性の体型がすっかり崩れ、男性の目の中でもはや彼の若かりし頃の母親イメージとかけ離れるか、もしくはそのイメージと重ならなくなる中年の時に、しばしば破綻する。成熟した女性が若い男性を求めるのは、大抵、インプリンティングの力を失ったという心痛を補償するためであり、女性は、若い男性が向ける熱視線の中に映し出される昔の若々しさを取り戻したいと願っている。女性が大抵年上の男性との付き合いを好むのは、単なる身体的な美の輝きだけをしばしば好む男とは異なり、おそらく、保護的な父親像の存在を無意識的に求めているからであろう。女性たちは一般的に、他の女性たちがどんな物を身に付けているかをかなり気にしており、メイク、身体、服装を比較するために嫉妬もしくは蔑みの目でそれらを注意深く検分し、あからさまな競争心とインプリンティングを合致させる(matching imprinting with obvious competition)。たとえば、社会的な集まりにおいて、男性たちは大抵、あたかも同じであることを歓迎しているかのように、同じタイプの服装で揃える。一方女性たちは、もし思いがけない不運で、全く同じ服装をしている人と出会ったら、間違いなく卒倒するであろう。女性たちは、インプリンティングの力が彼女たちに等しく授けた、匿名性という脅威を克服することはできない。男性たちの目には女性たちはよく似ているように見え、彼らは身体が若いか老いているかだけを区別する。だからこそ、全世界のどの女性も、私が「インプリンティングの罠」と名づけたものにとらわれているのである。つまり、女性は、匿名性という恐怖をなんとか避けようとして、自身を美しくすることでインプリンティングの力を強め、維持しようとする欲求を抱く。だからこそすべての女性は、年齢、社会的地位、文化、肌の色、背格好、言語にかかわらず、服を買うことや店でお目当ての品を探すことに果てしなく時間を費やしたいという強大な欲求をもっているのである。ほとんどの男性は、女性的な同一化がない限り、このような状況下では死ぬほどうんざりしているであろう。

「インプリンティングの罠」には、関連する事象の複雑な連鎖が伴う。第一に、女性たちの身体は、インプリンティングによって著しく性愛化されているため、女性たちはいかなる誘惑にも必ず責任があるという、創世記の時代からすでに存在していた呪縛をかけられている。[1] 第二に、そのように性愛化されることによって、女性たちは自由になると放埓者《ほうらつ》になるという疑いをかけられ、その埋め合わせとしての依存、罪悪感、マゾヒズムが誘発される。最後に、非常に重要なことに、女性たちの行動のすべてを完全に性愛化すると、思索することへの恐怖（知識恐怖症）が生まれ、女性たちが理性的になったり知的な才能を活用したりして自身を宿命から解き放つのを妨げる。未来の女性たちは、スーザン・ファルーディの言う「バックラッシュ」を回避し、自身のポテンシャルを存分に発揮し、最終的には、未来が歴史となった時、確固たる社会的役割を達成できるように、このジレンマを克服しなければならない。男性たちの関与なしではこれらの変化を遂げるのは非常に難しいことが予想されるため、彼らが女性たちを後押しすることに私は望みをかける。

新しい精神分析学理論が展開されてきたことで、女性たちの内的な発展に新しい光がもたらされ、一種の等比数列的、[8] そして願わくは螺旋《らせん》的連鎖によって、より良い母親たちが生み出され、その母親たちがより良い子どもたちを生み育て、やがてその子どもたちがより良い両親になるであろう。人類の将来的な変形（transformation）は女性たちの心理的な変容（transfiguration）[9] の原因でもあり結果でもある。母親たちは、娘の早期のセクシャリティや、娘が自身の身体に対してもつ権利、マスターベーションによるオルガスムの発見やオルガスムに達して楽しむことをより受け入れ、理解するであろう。

ウィルフレッド・ビオン（Wilfred Bion）が「大陸なる母（continent mother）」に言及し、ドナルド・ウィニコット（Donald Winnicott）が「ほど良い母親（good enough mother）」について述べた時、彼らは、「代謝された（metabolising）」理解が伴った愛情を我が子に提供する母親のキャパシティーについて語っていた。子どもが包容力や信頼感や自信や愛情に満ち、自身や他者の気持ちがわかる健康な世界を自身の内に組み入れられるよう援助できる母親は、結果的に、子どもの寛容さや思いやりのキャパシティーをも育む。この時点で非常に重要なことは、セクシャリティや情熱や欲求や愛情や信頼感など、人間のいくつかの基本的な感情を区別することだと考える。なぜなら、**性は本能で、情熱は即時的で激しく、欲求は利己的で、愛情は歴史と自由を意味すると同時に、信頼感は権利を放棄するキャパシティーだからである。**

愛情と欲求は、表現形態としては似ているかもしれないが、最終的な目的は全く正反対であるため、区別されなければならない。愛情とは、他者を自身とは異なる人として認識することを意味しており、他者は我々に所有されることのない独立した人間であり、彼らが我々を所有することもない。それは、他者が望んでいるものを無条件に提供することによって、彼または彼女の潜在能力を発揮できるように援助し力づけることを意味する。愛情は、絶対的な自由が保障された境界線内で常に進展し、自然に湧き起こるものであり、常に自発的に決定され、代わりとなる選択肢はない。愛情は、個別的で個人的で私的なものであり、決して匿名的なものではない。一方、欲求は、親と子や、所有主と奴隷の間での行為を決定する。それは拘束し窒息させるものであり、常に恐怖や依存や心許なさや引け目などの強い感情の表れである。愛情は、我々が何事にもとらわれずにそれを表現し、全力を傾けつつ、自立性もしくはアイデンティティを失わずに分かち合うことを可能にする。一方、欲求は、自身と他者の間にある境界を壊し、共生を引き起こし、母親と子どもの原始的、幼稚的関係性を持続させる。**愛情は自由を与えるが、欲求は制圧をもたらす。**

さまざまな状況によって、愛情の自発的な流れ、つまり制限されずに自由に愛する能力が抑制されるが、それは我々が自身を愛せないのと大抵同じ理由による。こうした状態に陥るのは、しばしば原始的で内的サド - マゾヒズムのレベルにまで及ぶ、極めて要求がましい無意識的態度が内的に存在するからであり、我々がいかに育てられたかによって当然左右される、自身に対抗する対象が内的に存在するためである。フロイトはこの道徳的な内的態度、もしくは心的「審級（agency）」（精神分析学の専門用語）に言及しているが、それは早期の文献では「道徳意識」、後にはなじみの「超自我」として記述されている。この意識は、我々に知らず知らずのうちに世界を黒と白、善と悪、完全と不完全とに分裂させるよう強いる。そして、我々は自身の欠点を拒絶し、それを絶え間ない批判という形で他者に投影するようになる。言い換えれば、いかなる小さな欠陥も大惨事になる。もちろん、完璧を求めるそのような欲求は全く非論理的であり、部分と全体が混同されていることが、さまざまな事柄にも表される。つまり、車のタイヤがパンクした際に、もはやそれは完璧ではないからと廃車にするようなものである。同じことが人との関係でも起こり、我々はひとたび相手の欠点を見つけると、たとえそれが「普通」の欠点であっても相手を拒絶するような傾向がある。こうして我々は、自分を求めている人々を拒絶したり、自分を拒絶する人々を求めたりするという、ありがちなジレンマに陥る。

愛情は、善も悪も含めた全体として関わっている人々を包み込むものであるため、欠点があるところでしか育むことができず、常に汚染されるであろう。愛情は、その本質に許しや思いやりの精神を包含しない限り、開花しない。また、愛情は歴史を必要とし、時間をかけて一歩一歩積み上げるものであり、草のように、知らぬ間に少しずつ育っていくものである。それは細やかで、夢や記憶と同じ素材で成り立っており、夢や記憶と同じように、相手を傷つけたとしてもそこには穏やかさと希望がある。なぜなら、人を愛する人たちは自分も愛されていることを常に知っているからである。

一方、情熱は歴史をもたない。それは直観的で爆発的で強烈なものである。そこには瑕疵《かし》の入る余地がないため、すべてが完璧ですばらしい。もし何らかの落ち度があると、情熱はすぐに消失する。つまり、欠点は情熱を処刑する。

性欲は、純粋な本能であり、獣性そのものである。それは麻薬のように、我々にとってほとんど異質のものであり、そこではオルガスムによる愉悦だけが重要とされる。意識的な選択権は全くなく、唯一のこの目的に沿って、あらかじめ組織化された自然の力によって性欲は決定される。それはまさに生と死のように、我々の意思が反映される余地は一切なく、厳然とそこにあり、我々に究極の満足を求めさせる。性的逸脱や性的倒錯の場合にはなおさらこの傾向が強まり、そこでは性欲が志向の中心かつ唯一の目的となり、まるで遺伝的な寄生生物が精神や身体を拘束しているかのように、その人に強迫的に行為を繰り返させる。性的倒錯が非常に複雑になるのは、愛の営みそれ自体が平凡な型にはまった性行為を超越して多岐にわたるからではなく、むしろ性行為というものがあまりに単調な傾向を暗に含んでいるため、どのような創造性をも常に歓迎するからである。倒錯に伴う問題は、まさにその逆である。それは同じことを何度も何度も繰り返そうとする欲求であり、創造性の欠片もなく、決して満足することもなく、同種の倒錯をもたない人にとっては極めてつまらないものである。[II] 誰しも、幼少期に作り上げられた決定因から完全に解放されることはできない。我々はおそらく、自身が性的関係を結ぶ相手や結婚する相手を単なる偶然によって選んでいると考えており、自身の行動のほとんどが無意識の最深部に記録された台本に従って決定されてきたという事実の受け入れを拒む。

もし、この小論で紹介された仮説がいくらかの真実を伝えており、進化論的もしくは歴史的に筋が通るとするると、次に我々が想像しうるのは、女性たちが自責の念にかられることなくインプリンティングを行使する権利を与えられたと感じるまでには、まだ多くの年月を経なければならないということである。この域に達すると、女性たちは穏やかにインプリンティングを超越し、彼女らの真の内的価値を見出し始めることが可能になるであろう。もし、女性たちが「混乱したイヴ」の時代を開始したばかりで、自身のマゾヒズムにかろうじて疑問をもち始めたばかりだとしたら、この域に達するまでに一体今後どれほどの年月を経なければならないのであろうか？

ノストラダムスの許しを得て予言するならば⑽、いつの日か、「無実を立証されたイヴ」のイメージへと変容した女性たちが、男をも女をも地上の「楽園」に案内するであろう。「楽園」は、過去からの神話でも、創世記からの神話でもない。それは、人間の「集合的無意識」の神秘的なひらめきや底知れぬ魔術が潜む自己感の内部で、賢明に神話を理解していた古代人たちのファンタジーの中でしか存在しなかった。**「楽園」は単なる神話であり、それは決して実在したことがないが、未来では現実になるかもしれない。**今から何年もの先に、「無実を立証されたイヴ」は毅然とした「サラ[Ⅲ]（Sarah）」すなわち新しい救世主として到来し、男性たちを去勢から救うであろう。その時我々は、**内なる女性**（the WOMAN WITHIN）のパワーを理解するであろう。

《原注》

I　レイプや男性による他のセクシャルハラスメントに対して法的に対応する際、一般に女性には罪がないということを証明するのが難しいのは、このためである。

II　この特殊な状況は、かつて流行った映画『ナインハーフ』[11]に描かれていた。

III　『ターミネーター』を元にした新しいテレビドラマシリーズは、この種のファンタジーにいくらか関連していると思われる。しかし、これらは暴力的で雄々しくマッチョな男性を志向しており、私がここで考えているものとは異なる。

《訳注》

1　一九二六―一九六二。アメリカの映画女優。私生児としてロサンゼルスに生まれる。母は精神障害の病歴があったため、孤児院や里親の家を転々として幼年時代を送る。ヒップのふくらみを強調してセクシーに腰を振って歩く「モンロー・ウォーク」で知られ、ハリウッドの新しいセックス・シンボルとなった。しかし後年、私生活の乱れと撮影での遅刻常習をめぐって作品ごとにトラブルを繰り返した。一九六二年、モンローはロサンゼルスの自宅で裸体のまま死体となって発見された。多量の睡眠薬服用による事故か自殺、ということになっているが、当時のアメリカ合衆国大統領ジョン・F・ケネディと、その弟であり司法長官のロバート・ケネディと不倫関係にあったと言われていることから、スキャンダルを恐れる筋に殺されたという説も根強い。(加藤周一・編『世界大百科事典 改訂新版』平凡社、二〇〇七、山崎洋子『「伝説」になった女たち』光文社、二〇〇八、参照)

2 一九三五—一九七七。アメリカの大衆音楽が生んだ戦後の大スター。南部黒人音楽の中心地メンフィスで貧しい白人労働者家庭に育ち、黒人のリズム・アンド・ブルースをまねて歌ったのが、ロックンロールの創始者の一人としての栄光につながった。一九七七年、入浴中に不整脈による心不全を起こし四十二歳で急逝。遺体からは十四種類の処方薬が検出され、鎮痛剤に関しては処方規定の十倍の量が測定された。あまりに過重なコンサート・スケジュールをこなすために、体調の悪化を処方薬の大量摂取で切り抜けてきたことが遠因であることは明らかであった。当時のアメリカ合衆国大統領ジミー・カーターが異例の追悼メッセージを発表し、アメリカ中のメディアがエルヴィス一色になった。エルヴィスは死んでなお、大衆によって貪るように消費されたのである。(加藤周一・編、前掲書、前田絢子・著『エルヴィス、最後のアメリカン・ヒーロー』角川学芸出版、二〇〇七、参照)

3 一八五四—一九〇〇。イギリスの詩人、小説家、劇作家。耽美的・退廃的・懐疑的だった十九世紀末の旗手として語られる。幼少期、女児を望んでいた母から女児の服装をさせられていた。多彩な文筆活動をしたが、侯爵の息子と同性愛関係を結んだことから、その父親に数々の嫌がらせを受ける。名誉棄損で訴えるも父親は無罪、逆に複数の青年と男色行為をしたと猥褻《わいせつ》罪で訴えられる。当時のイギリスは同性愛に対する嫌悪、頑固な階級制度、ヴィクトリア朝の英国で美徳とされていたプロテスタントの「清く貧しく美しく」に支配されていたため、ワイルドは有罪判決を受け、二年の懲役に服する。釈放後フランスに移るが、不遇な生活の後パリで逝去。主な著作に『幸福な王子』『サロメ』がある。ヴィクトリア時代の偽善的道徳と効率主義を軽蔑し、愛の純粋性と自由と美を求めた。（山田勝『オスカー・ワイルドの生涯―愛と美の殉教者』日本放送出版協会、一九九九、参照）

4　ワイルドの長編小説。一八九一年刊。美青年ドリアンは享楽主義者ウォートン卿の影響で放蕩の生活を送るが、その汚濁は本人には現れず、画家ホールワードの描いた彼の肖像が日夜醜悪に変わる。ドリアンは最後に画像を切り裂くが、死んだのは生身のドリアンで画像は元の美しさに戻る。三人の中心人物は作者ワイルドの分身的存在で、彼は自らの人生、芸術、倫理に関する主張を三人の言葉を借りて作中にちりばめた。ワイルドの大胆な発言は発表当初不道徳の非難を招いたが、これもまたギリシア的エピキュリアニズム（享楽主義）という世紀末的人生観をうたった作品としての意義をもつ。（『日本大百科全書　第2版』小学館、一九九四）

5　元の意味は「ひよこ」だが、古い俗語では侮蔑的な意味合いも含んだ「娘」「若い女」「魅力的な女」などを表し、男性が女性のいない所で使う言葉。

6　元の意味は「尻尾」だが、イギリスの俗語では性の対象として女性をけなす意味を含む。アメリカ

7 元の意味は「ロバ」「(けなして) ばか」だが、アメリカの卑しい表現では「尻」、a bit of ass で「セックス (の対象の女性)」の意味がある。

8 各項がその直前の項に一定数 (公比) を乗じて得られる数列。幾何数列。

9 transfiguration：山上におけるキリストの変容。顕栄祭《けんえいさい》という祝日になっている。マタイによる福音書 第一七章一―九節：六日ののち、イエスはペテロ、ヤコブ、ヤコブの兄弟ヨハネだけを連れて、高い山に登られた。ところが、彼らの目の前でイエスの姿が変り、その顔は日のように輝き、その衣は光のように白くなった。すると、見よ、モーセとエリヤが彼らに現れて、イエスと語り合っていた。ペテロはイエスにむかって言った、「主よ、わたしたちがここにいるのは、すばらしいことです。もし、おさしつかえなければ、わたしはここに小屋を三つ建てましょう。一つはあなたのために、一つはモーセのために、一つはエリヤのために」。彼がまだ話し終えないうちに、たちまち、輝く雲が彼らをおおい、そして雲の中から声がした、「これはわたしの愛する子、わたしの心にかなう者である。これに聞け」。弟子たちはこれを聞いて非常に恐れ、顔を地に伏せた。イエスは近づいてきて、手を彼らにおいて言われた、「起きなさい、恐れることはない」。彼らが目をあげると、イエスのほかには、だれも見えなかった。一同が山を下って来るとき、イエスは「人の子が死人の中からよみがえるまでは、いま見たことをだれにも話してはならない」と、彼らに命じられた。(塚本虎二・訳『新約聖書福音書』岩波文庫、一九六三)

10 原文は“I predict, with Nostradamus' consent, that...”となっている。原著者が、自分もノストラダムスのように予言を試みる、といったウィットを交えている。

11 一九八六年公開。エイドリアン・ライン監督。離婚したばかりのキャリアウーマンが株式仲買人の男の恋の奴隷になり、「口を利いてはいけない」などと男に命令される。ライン監督は他にも『危険な情事』や『サイレンス』を製作したが、これらの筋書きには、自分の意思を持った大人の女性を、あまりしゃべらない、あるいはしゃべれない女の子に退化させ、言うことをきかない女は殺してしまうといった意味合いが込められていた。(スーザン・ファルーディ・著、伊藤由紀子、加藤真樹子・訳『バックラッシュ—逆襲される女たち』新潮社、一九九四、参照)

文　献

Behringer, W. (2004). *Witches and Witch-Hunts*. Cambridge: Polity.

Bly, R., Thompson, K. (1982). What Men Really Want: A New Age Interview with Robert Bly. *New Age*, p. 30,

Bowlby, J. (1969). *Attachment and Loss*. New York: Basic Books.

Cardinal, M. (1975). *Les Paroles pour Le Dire*. Published in English as *The Words to Say It*. New York: Van Vactor & Goodheart, 1984.

Charen, M. (1984). The Feminist Mistake. *National Review*, March 23.

Chasseguet-Smirgel, J. (1983). *On Women's Masochism*. Read at the Montreal Psychoanalytic Society.

Douglas, A. (1977). *The Feminization of American Culture*. New York: Knopf.

Eisler, R. (1989). Reclaiming Our Goddess Heritage: The Feminine Principle in Our Past and Future. In: S. Nicholson, *The Goddess Re-Awakening* (p. 27). Wheaton, IL: Quest Books.

Faludi, S. (1991). *Backlash: The Undeclared War Against American Women*. New York: Doubleday.

Freud, S. (1908). On the Sexual Theories of Children. *SE* 9.

Freud, S. (1913). Totem and Taboo. *SE* 13.

Friday, N. (1991). *Women on Top*. New York: Pocket Books.

Fromm, E. (1941). *The Fear of Freedom*. London: Roufledge.

Gaylor, A.L. (1997). *Women Without Superstition: NO Gods—No Masters*. Madison, WI: Freedom from Religion Foundation.

Hutton, R. (1999). *The Triumph of the Moon: A History of Modern Pagan Witchcraft*. Oxford: Oxford University Press.

Jones, E. (1955). *The Life and Work of Sigmund Freud*. New York: Basic Books.

Kramer, H. & Sprenger, J. (1487). *Malleus maleficarum*. www.malleusmaleficarum.org

Leonelli, E. (1984). *Mas Allá de los Labios*. Barcelona: Editorial Noguera.

Levack, B. (1987). *The Witch-Hunt in Early Modern Europe*. London: Longman.

López-Corvo, R.E. (2006). *Wild Thoughts Searching for a Thinker: A Clinical Application of W.R. Bion's Theories*. London: Karnac.

Lucretius. *De Rerum Natura*. London: Penguin Classics, 2007.

Lydon, S. (1970). The Politics of Orgasm. In: R. Morgan, *Sisterhood is Powerful*. New York: Random House.

Morgan, R. (1970). *Sisterhood is Powerful*. New York: Random House.

Ortega y Gasset, J. (1925). *Estudios Sobre el Amor*. Madrid: Espasa, 1973.

Ortega y Gasset, J. (1961). El Hombre y la Gente. In: *Obras Completas* (Vol. 7). Madrid: Revista de Oriente.

Qualls-Corbett, N. (1988). *The Sacred Prostitute: Eternal aspects of the Feminine*. Toronto: Inner City Books.

Russell, B. (1925). *ABC of Relativity*. London: Allen & Unwin.

Schopenhauer, A. (1984). *El amor, las mujeres y la muerte*. Madrid: Edaf.

Schwartz, K. (1985). *The Male Member*. New York: St Martin's Press.

Spender, D. (1983). *Feminist Theorists: Three Centuries of Women's Intellectual Traditions*. London: Women's Press.

Spitz, R.A. (1950). Anxiety in Infancy: A Study of its Manifestations in the First Year of Life. *International Journal of Psycho-Analysis 31*: 138-143.

Stone, M. (1989). Introduction. In: S. Nichofson, *The Goddess Re-Awakening*. Wheaton, IL: Quest Books.

Taylor, J. (1991). Don't Blame Me: The New Culture of Victimization. *New York Magazine*, June 3.

Tevlin, J. (1989). Of Hawks and Men: A Weekend in the Male Wilderness. *Utne Reader*, Nov-Dec.

Unamuno, M. (1912). EI Sentimiento Trágico de la Vida. In: *Obras Completas* (p. 333). Madrid: Editorial Plenitud.

監訳者あとがき

　精神分析学の視点から鋭く女性性の本質に踏み込んだ本書は、多くの読者に衝撃を与えると思う。ビオン（Wilfred R. Bion）の理論に精通した精神分析家ロペス‐コルヴォ（Rafael E. López-Corvo）氏が書き記す「内なる女性」は、時代や世代、ジェンダーや性差、文化や社会の問題を包含しており、女性性の深遠な真理、そして女性が目指す展望を明らかにしている。以前、フロイトが日記の中で、また、個人的に、弟子のマリー・ボナパルト（Princess Marie Bonaparte）に発したとされる、精神分析学最大の謎〝What do women want?〟への回答に、本書が少しでも近づいていればと願う。

「女性運動」や「女性性に関する学術的発表」には、大きく三つの波がある。この三つの波には、時代の経過とは別個に地理的な特徴がみられる。第一の波はヨーロッパを中心としており、第二の波はヨーロッパおよび北米が中心となっており、第三の波はラテン語圏の諸所を中心として世界中に広がっている。この第三の波が日本の精神分析学の世界にも波及することを祈願して、本書は訳されている。

第一の波は、社会的には、一八九三年にニュージーランドで女性が選挙権を得て他の国々にも影響していった十九世紀末から始まる。精神分析学では、フロイトの時代である。フロイトは、女性性について満足のいく理論を打ち立てられず、頭を抱え、女性の心理を「謎の多い闇の大陸（dark continent）」「入り込めない暗闇のヴェールに包まれている」と指摘した。そのためか、彼が女性のセクシャリティについて何度も言及していたにもかかわらず、主としてこのテーマを扱った論文を刊行したのは一九三一年で、すでに七十五歳をむかえていた。常々彼は、「女性についてはよくわからない」と宣言していたようである。ただ、実際には what do women want? の問いは、論文などの学術的な場では発していない。フロイトの思いとは裏腹に、多くの女性がフロイトの人生に影響を与えていた。特に、彼の母親の存在は無意識の発見や精神分析学の構築に欠かせない特別なものであった。

さらに、フロイトらがウィーンで精神分析協会を創設してから、何人もの女性がメンバーとして加わっている。たとえサッジャー（Isidoro Sadger）のように、女性をメンバーに加えることに真っ向から反対する人がいても、フロイトは断固としてその主張に同意せず、一九一〇年には最初の女性メンバーとしてヒルフェルディング（Margarete Hilferding）を加えている。彼女は、当時タブーとされていた女性の母親としての性愛体験について一九一一年のウィーン精神分析学会で発表し、「母性愛の基準（On the Basis of Mother Love）」と題して生得的な母性愛は存在しないことを紹介している。ただ、当時の聴衆は全員男性だったため、彼らには受け入れがたい内容であった。その九カ月後、アドラーが脱会すると同時に彼女も脱会し、一九二〇年頃にアドラー派の分析家となって治療に当たっていたという経緯がある。

女性を、フロイト主催の水曜研究会（Wednesday Meetings）に会員として迎えるというフロイトのこの姿勢により、精神分析学は、当時から女性を男性と平等に分析家として扱った数少ない職種となった。その結果、多くの女性分析家が誕生し、フロイトが提唱する精神分析を支えていった。たとえば、ドイチュ（Helene Deutsch）が一九一八年に加わったが、彼女は女性の心理、女性のセクシャリティ、思春期・青年期における女性性の発達、女性における初潮や閉経や母性性の意味など、女性の生涯の重要な段階について論文化しており、フロイトの女性性に関する晩年の論文に影響を与えている。ただ、彼女もランプル・デ・グルート（Jeanne Lampl-de-Groot）も、フロイトが当時掲げた女性に関する精神分析的聖典におおむね従っており、反論は避けていた。

その他にメンバーとして加わっているマリー・ボナパルトやルー・ザロメ（Lou Andreas Salome）や娘アンナ・フロイト（Anna Freud）は、フロイトへの激しい転移からか、フロイトの女性性の理論の〝共謀者〟ともなっており、男根至上主義的な理解から女性性を捉えた理論を展開している。唯一フロイトの女性性の理解に正面から反論したのは、アブラハム（Karl Abraham）に分析を受けていたホーナイ（Karen Horney）であった。彼女はフロイトが提唱した女性のペニス羨望を批判し、男性こそ子宮羨望があると指摘していた。しかし、フロイトはホーナイが指摘する男性の子宮羨望は、女性自身のペニス羨望の結果であると反論している。ホーナイは女性には男根よりもヴァギナや子を授かりたい願望やオルガスムの願望の方が重要である、と提唱し続けた。彼女は、マリー・ボナパルトと同様に男性の女性に対する恐れについても触れているが、これに対してもフロイトは、「彼らには理由がある」といった男性の立場を擁護する返答をしている。フロイトはジェンダーの違いを中心とした精神分析をあまり扱ってこなかったにもかかわらず、女性は倫理面で劣っているという見解を述べている。その背景には、フロイトの幼い頃に、母親がおかれていた複雑な環境による葛藤を、彼が無意識的に読み取り、晩年になってもその母親の問題を自身との関係で分析せずにいたことに起因があると考えられる。この点について生涯理解を深めなかったという盲点が、彼の女性性の理解の弊害となっていたのかもしれない。

第一の波では、精神分析協会のメンバーとして留まった者は、フロイトの理論の範疇から飛躍することは難しかったのであろう。よって、ホーナイのように、ウィーンから離れたベルリンで分析を開始し、さらにアメリカに亡命して、シカゴやニューヨークで精神分析家として教育や治療に専念して、最終的には精神分析協会から脱会させられてでも自身の理論的信念を貫いた者のほうが、ヒルフェルディングと同様に、この第一の波を惹き起こしたと言える。

第二の波は、社会的には第二次世界大戦後から一九七〇年代頃までで、作家スーザン・ファルーディの『バックラッシュ』が世に出る数年前ぐらいまでであろう。精神分析学では、メラニー・クラインらが提唱した母子関係やその視点から捉えた女性性の理解が中核となっていた。つまり、男児も女児もまず母親を求めることを強調していた。クラインらの理解は、ボーヴォワール（Simone de Beauvoir）やチョドロー（Nancy J. Chodorow）やクリステヴァ（Julia Kristeva）など多くの後進のフェミニストや精神分析家たちにも、広範囲に影響を与えていった。また、フロイトやクラインの理論の本質を代弁することに卓越した能力があったリヴィエレ（Joan Riviere）の「仮面としての女らしさ」の論文にも、精神分析学への反響がみられた。さらに、スミルゲル（Janine Chasseguet-Smirgel）は、一九七〇年の著書で、女性が去勢されて無力であるというフロイトの指摘とは正反対のイメージを幼い子どもは母親に抱く、と指摘している。第二の波の中にいた彼女たちは、どちらかというとホーナイの指摘に近接していたと言える。

第三の波は、一九八〇年代から現在に至り、世界中で巻き起こっている。たとえば、一九七五年から国連がスポンサーとなって世界女性会議（World Conference on Women）が始まり、五年に一度開催されている。バックラッシュによる中断の危機もありながら、こういった集まりを通して女性の人権運動が継続されている。そういった中、精神分析家のチョドローが一九七八年にジェンダーについて精神分析学および社会学の視点から執筆した著書『母親業の再生産』の反響は大きかった。この書は伝統的な精神分析の理解に疑問を投げかけ、後の多くのフェミニストたちから引用されるようになった。その後の彼女の著書も母親の影響力に焦点をあて、女児は母親との自己愛的一体感を体験すると述べている。この一体感は、同性の友人との親密な連帯感へと移行して継続され、それによってようやく母親との自己愛的な一体感から逃れられるようになると、彼女は一九八九年の著書で指摘している。

ベンジャミン（Jessica Benjamin）も一九八八年の著書でチョドローと同様に、万能的な母親のパワーへの反乱および分離の象徴としてペニス羨望を捉えており、両者とも、前エディプス期における女児の母親との関係に焦点をあてている。さらに、一九九八年には国際精神分析協会の中にCommittee on Women and Psychoanalysis（ＣＯＷＡＰ）が創設され、精神分析学的視点から女性性に特化した議論をする集まりが開催されるようになり、現在では男性性や女性性、ジェンダーなどのテーマが扱われている。このような環境の中で、アリザーデ（Mariam Alizade）をはじめ、マックドゥーガル（Joyce McDougall）やアンブロシオ（Giovanna Ambrosio）やキノドス（Danielle Quinodoz）ら多数が、女性性に関して積極的に執筆活動を行ってきた。特にアリザーデが女性性をテーマにして刊行した五冊は、ＣＯＷＡＰでも重視されている。第三の波では、時間の経過だけではなく、精神分析協会のお墨付きを得たＣＯＷＡＰの組織的な取り組みも影響して、女性性の理論は厳密なフロイト精神分析的聖典から軟化することが許容され、百年前では認められなかったヒルフェルディングの妊娠、出産、子育てにおける女性の肉体的存在についての見解を、今では自然に受け入れられ、新しい理解として組み込まれるようになったと考えられる。

また、第三の波に特徴的なことは、アリザーデをはじめ、女性性を扱っている精神分析家の多くは、多言語に精通しており、特に、ラテン語に精通している人が多いことである。これは偶然ではない。なぜなら、この言語文化では、すべての「物＝名詞」が男性名詞あるいは女性名詞に分かれており、英語で言う「無性名詞の it」は存在しない。つまり、ラテン語系の言語では文法的に、名詞はすべて男性・女性のどちらかであることが前提となった会話となる。そのため、常にジェンダーや性差が敏感に区別されて発言されている。こうした言語文化を背景にもつがゆえに、女性性・男性性の問題は触発されやすいのかもしれない。

ロペス‐コルヴォ氏も例外ではなく、スペイン語を母語として複数言語に精通しているからこそ、多面的な理解が垣間見られ、議論の中には深遠な理解が多々含まれている。そして、氏ほど怜悧な頭脳でビオンの理論を女性性の理解や展望に組み入れられる人は他にいないであろう。

《訳出完成に当たって…》

本訳出に当たっては、原著者ラファエル・E・ロペス - コルヴォ氏の意図を明瞭に伝えることを目指し、原文を努めて忠実に訳しました。本文中に引用されている文献には、すでに邦訳が出版されているものもあります。特に聖書は、社会的に受け入れやすい表現に邦訳されており、コルヴォ氏が意図的に引用した内容が汲み取りにくくなることが懸念されました。そのため、本訳出においては出版されている邦訳とは一部異なる訳になっています。該当する邦訳箇所を訳注に示しておりますので、併せてお読みいただければ幸いです。

また、本著を訳すに当たって、ロペス - コルヴォ氏とはメールで用語の確認や氏が意図する内容などを確認させていただきました。氏からいただいたコメントのおかげで、不明な点がクリアになりました。氏には、貴重なお時間を割いていただき、心から御礼申し上げます。

このたび星和書店の石澤雄司社長および近藤達哉氏、畑中直子氏に大変お世話になりました。訳出を根気強く待っていただき、感謝申し上げます。

また、難解な冒頭の数章を専門外の方に読んでいただきました。我々の意図を理解して、丁寧なコメントや添削をしてくださった小柴純子氏、小川昌子氏に御礼申し上げます。

我々は原著を二〇一〇年の秋頃から講読し、理解を深めていきました。その後、翻訳することを監訳者から提案し、下訳担当者が決まり、それぞれが訳出作業を進めていきました。下訳の内容を全員で検討し、その指摘を各自が持ち帰って再度訳を修正する作業が何巡か繰り返され、訳を推敲していきました。さらにその後、監訳者と各訳者との訳出原稿の添削が繰り返され、完成に至りました。各章の訳担当者が紹介されていますが、実際には、全員が検討を重ね、互いが協力し合って全章の訳や訳注の作成に関わっています。

二〇一四年　秋

井上果子

人名索引

【ア行】

アイスキュロス Aeschylus *72*
アイスラー，リアンヌ Riane Eisler xxiii
アリストテレス Aristoteles *146*
アレキサンダー大王 Alexander the Great *117*, *156*
アンソニー，スーザン・B Susan B. Anthony *16*
アンブロウズ，聖 Saint Ambrose *154*
イサベル女王 Queen Isabel *117*, *118*
ヴィクトリア女王 Queen Victoria *11*
ウィニコット，ドナルド Donald Winnicott *196*
ウナムーノ，ミゲル・デ・Miguel de Unamuno *91*, *92*
エイキシメニス，フランチェスカ Francesc Eiximenis *133*
エカテリナ二世 Catherine *61*
エリザベス女王 Queen Elizabeth *168*
エルヴィス・プレスリー Elvis Presley *190*
エンペドクレス Empedocles *64*
オテロ，ラ・ベル La Belle (Carolina) Otero *61*
オルテガ・イ・ガセー，ホセ José Ortega y Gasset *50*, *51*, *92*, *145*

【カ行】

カーディナル，マリー Marie Cardinal *27*
カエサル，ユリウス Julius Caesar *117*
ガリレオ Galileo Galilei *73*, *146*
カレン，モナ Mona Charen xvii, *15*
キリスト Christ *12*, *116*, *117*, *119-121*, *144*, *149*, *169*, *170*
グーテンベルグ Gutenberg *156*
クライン，メラニー Melanie Klein *69*, *148*
グッドイヤー，チャールズ Charles Goodyear *185*
クラナッハ Lucas Cranach *50*
クレオ・デ・メローデ Cléo de Mérode *61*
クレオパトラ CleoPatra *61*
クレマンス・ド・オングリー Clementia of Hungary *179*
コペルニクス Nicolaus Copernicus *146*
クォールズ - コルベット Nancy Qualls-Corbett *155*
コロンブス，クリストファー Christopher Columbus *116-118*
コンスタンティヌス王 Constantine *12*

【サ行】

サッチャー Margaret Thatcher *168*
シャスゲ-スミルゲル，ジャニーヌ Janine Chasseguet-Smirgel *3, 4*
シュワルツ，キット Kit Schwartz *90*
ショーペンハウアー Arthur Schopenhauer *58, 61*
シンプソン，ジェームズ James Simpson *11, 71*
スタントン，エリザベス・ケイディ Elizabeth Cady Stanton *16*
ストーン，マーリン Merlin Stone xxii, xxiv, *186*
スノウ，ジョン John Snow *11*
スピッツ，ルネ René A. Spitz *34*
セリエ，ハンス Hans Selye *135, 138*

【タ行】

ダーウィン Charles Darwin *31*
ダ・ヴィンチ，レオナルド Leonardo da Vinci *31, 156*
ダグラス，アン Ann Douglas xv, *166*
チャールズ二世 Charles II *185*
ディエゴ Colom Diego *116*
テイヤール・ド・シャルダン Pierre Teilhard de Chardin *92*
テイラー，ジョン John Taylor xvi, *167*
テヴリン，ジョン John Tevlin xx
テオドシア Theodosia *61*
デブス，ユージーン・V Eugene V. Debs *175*
ドイチュ，ヘレーネ Helene Deutsch *69*
トンプソン，キース Keith Thompson xix, *179*

【ナ行】

ナポレオン・ボナパルト Napoléon Bonaparte *10, 117*

【ハ行】

パウロ Paul *154*
ビオン，ウィルフレッド Wilfred Bion *196*
ピタゴラス Pythagoras *64*
ヒトラー，アドルフ Adolf Hitler *117*
ヒポクラテス Hippocrates *59, 64*
ファルーディ，スーザン Susan Faludi xiv, xv, xvii, *15, 64, 164, 166, 195*
ブッダ Buddha *116, 154*
ブライ，ロバート Robert Bly xix, xx, *175, 179, 180*
フライデー，ナンシー Nancy Friday *84, 124, 160*
プラトン Plato *51*
ブリス，シェファード Shepherd Bliss xx, xxi
フレミング，アレキサンダー Alexander Fleming *134-136*
フロイト，ジークムント Sigmund Freud *33, 38, 59, 60, 68, 69, 73-75, 89, 90, 104, 136, 143-145, 147, 148, 160, 168, 172, 177, 191, 197*
フロム，エーリッヒ Erich Fromm *105*
ペトロ Peter *120-122*
ボウルビイ，ジョン John Bowlby *31*

ボーヴォワール，シモーヌ・ド Simone de Beauvoir *15*
ホーナイ，カレン Karen Horney *69*
ホメロス Homer *71*

【マ行】

マエ・ウエスト Mae West *61*, *64*
マクルーハン，マーシャル Marshall McLuhan xiii, *147*
マタ・ハリ Mata Hari *61*
マリア Virgin Mary *12*, *116*
マルサス，トマス・ロバート Thomas Robert Malthus *182*, *184*
メムリンク Hans Memling *50*
モーガン，ロビン Robin Morgan xviii, *15*, *54*
モーセ Moses *116*
モディリアニ Amedeo Modigliani *50*
マリリン・モンロー Marilyn Monroe *190*

【ヤ行】

ヨハネ John *121*, *169*, *170*

【ラ行】

ライドン，スーザン Susan Lydon *73*
ラスコフスキー，アーノルド Arnoldo Raskovsky *172*
ランガー，マリー Mary Langer *69*
ルイ十世 Louis X *179*
ルーベンス Peter Paul Rubens *50*
ルター，マルティン Martin Luther *1*
レオネリ，エリザベッタ Elisabetta Leonelli *89*
ローレンツ，コンラート Konrad Lorenz *7*, *30*, *49*
ロペス - コルヴォ，ラファエル・E Rafael E. López-Corvo *159*

【ワ行】

ワイルド，オスカー Oscar Wilde *191*

事項索引

Couvade　*27*
HIV　*156*
Prägung　*7, 30*

【ア行】

愛（情）Love　*33, 105, 153, 159, 177, 190, 196-198*
アダム Adam　xxiii, *1, 2, 11, 146, 154, 155*
アテナ Athena　*71, 72*
アナリティー Anality　*90, 91, 93, 94*
アブラハム Abraham　*171*
アポロ Apollo　*72*
暗黒時代 Dark Ages　*132*
イヴ Eve　xxiii
　——の三つの段階 Three phases of Eve　*17*
　混乱した—— Confused Eve　xiv, xv, xviii, xxiii, *8, 15, 54, 75, 164, 165, 172, 173, 179-181, 185, 200*
　罪を犯した—— Delinquent Eve　xiv, xviii, *8, 14, 17, 36, 54, 70, 73, 75, 76, 85, 87, 172, 173, 178, 179, 181*
　無実を立証された—— Vindicated Eve　xxii, xxv, *8, 17, 137, 173, 181, 183, 185, 200*
イエス・キリスト Jesus, Christ　*12, 116, 117, 119-121, 144, 149, 169, 170*
異教徒のムーア人 Moorish infidels　*118*
イサク・コンプレックス Isaac-Complex　*172*
イスラム教 Islam　*14*
一孔仮説 Cloaca theory　*76, 84, 89, 114*
インプリンティング Imprinting　xxiv, *7, 30-35, 37, 39, 40, 42, 49, 50, 53, 69, 86, 113, 114, 122, 145, 148, 178, 179, 186, 190-194, 200*
　——の力 Power of imprinting　*173, 185, 189-194*
　——の罠 Imprinting-trap　*194*
インプリンティング Prägung（独）　*7, 30*
ヴァギナ Vagina　*76, 87-89, 97, 104, 114, 122, 158*
ウェスタの巫女 Vestal Virgins　*11, 12*
内なる女性 Woman Within　*191, 200*
美しさ／美 Beauty　*32, 49-51, 53, 86, 94, 189, 193, 194*
エイズ AIDS　*156*
エストロゲン Estrogenic　*178, 186*
エディプス・コンプレックス Oedipus complex　*148, 177*
エデン Paradise　*2*
エロス Eros　*153*
エングラム Engrams　*34*
エントロピー Entropy　*146, 188, 189*
オデュッセイア Odyssey　*71*

オナニー Onanism　*184*
オナン Onan　*184*
オルガスム Orgasm　*85*, *88*, *89*, *122*, *152*, *157*, *158*, *195*, *199*

【カ行】

賢い女性 Wise woman　*12*
割礼 Circumcision　*169-171*
家督 Patrimony　*148*
カトリック Catholics　*112*
神の無関心 God's indifference　*112*
カラカス Caracas　*112*
看守の両親 Jailer parents　*63*
記憶 Memory　*157*
救世主 Messiah　*171*
旧約聖書 Old Testament　*169*
去勢 Castration　*14*, *18*, *168-170*, *172*
　——コンプレックス Castration complex　*90*, *172*
　——不安 Castration anxiety　*13*, *168*
キリスト Christ　*12*, *116*, *117*, *119-121*, *144*, *149*, *169*, *170*
キリスト教 Christianity　*2*, *119*, *144*, *149*
　——哲学 Christians philosophy　*169*
　——徒 Christians　*149*
キリン女 Giraffe woman　xiii, *63*
クライン
　エディプス・コンプレックス Oedipus complex　*148*
系統発生 Phylogeny　*70*, *92*, *94*, *143*, *148*
月経 Menstruation　*89*, *114*, *156*, *184*
尻《けつ》ナシの生き物 Assless creatures　*94*
ケファ Cephas　*120*
原罪 Original Sin　*2*, *6*, *11*, *169*
賢者の石 Philosopher's stone　*132*, *134*
睾丸 Testis　*25*
肛門の赤ちゃん Anal babies　*106*
コーラン Koran　*155*
古代エジプトの象形文字 Ancient Egyptian hieroglyphics　*25*
個体発生 Ontogeny　*70*, *94*, *148*
子どもの心理機制 Child's mind works　*33*
婚姻 Matrimony　*148*
コンドーム Condom　*185*
混乱したイヴ Confused Eve　xiv, xv, xviii, xxiii, *8*, *15*, *54*, *75*, *164*, *165*, *172*, *173*, *179-181*, *185*, *200*

【サ行】

子宮内膜症 Endometriosis　*167*
自己愛的外傷 Narcissistic wound　*96*
自己愛的損傷 Narcissistic injury　*68*, *96*, *133*, *134*, *136*
自己処罰 Self-punishment　*5*
自己破壊 Self-destruction　*5*
自然界のアパシー Nature's apathy　*112*
実存主義 Existentialism　*145*
失楽園 Paradise Lost　*188*
児童虐待する母親たち Child-battering mothers　*40*
社会的エントロピー Social entropy　*188*
宗教的伝道者 Religious preachers　*36*
シュメール Sumerian　*2*
純粋無垢なかわいい女の子 Good sexless little girl　*114*

情熱 Passion *41*, *196*, *198*, *199*
処女膜 Hymen *158*
女性解放運動 Women's liberation movements *15*
女性性 Femininity xv, *7*, *123*, *137*, *152*, *154*, *157*, *158*, *165-167*, *186*, *189*
進化 Evolution *61*, *92*, *93*, *98*, *188*
心気症 Hypochondria *74*
心的三者関係 Mental triangulation *34*
心的な括約筋 Mental sphincters *97*
精子 Spermatozoa *71*, *72*
聖書 Bible *11*, *120*, *154*, *184*
聖職者 Ecclesiastic *41*
聖母マリア Virgin Mary *12*, *116*
ゼウス Zeus *72*
創世記 Genesis xiv-xvii, *5*, *11*, *14*, *17*, *24*, *71*, *142*, *146*, *195*, *200*
——神話 Myth of Genesis *1*, *2*
存在論的はぎとり Ontological peeling *145*

【タ行】

ダーウィンの進化論 Darwin theory *146*
第三世界の国々 Third World country *189*
大陸なる母 Continent mother *196*
タナトス Thanatos *153*
男根至上主義的 Phallochratic *14*, *148*
男根的女性 Phallic women *13*
男性性 Masculinity *16*, *88*, *157*, *165*, *176*, *178*
地球の重力 Earth's gravitational force *33*
知識恐怖症 Epistemophobia *60*, *186*, *195*
膣外射精の性交 Coitus interruptus *74*, *75*, *184*, *185*
中世 Middle Ages *132*, *133*, *136*
超自我 Superego *60*, *197*
罪を犯したイヴ Delinquent Eve xiv, xviii, *8*, *14*, *17*, *36*, *54*, *70*, *73*, *75*, *76*, *85*, *87*, *172*, *173*, *178*, *179*, *181*
ディオニソス Dionysus *72*
テレマコス Telemachus *71*
同一化 Identification xviii, xxi, *33*, *38*, *39*, *92*, *93*, *101*, *106-108*, *114*, *122*, *177*, *178*, *194*
透明性のある親密性 Transparent Intimacy *94*
トーテムの食事 Totemic meal *144*
ドリアン・グレイの肖像 The Picture of Dorian Gray *191*
トロブリアンド諸島 Tobriand Islands *70*

【ナ行】

軟弱な男 Soft male xix, xx, *175*, *179*, *180*
人間化 Hominisation *92*
妊娠 Pregnancy *114*, *115*, *156*, *184*, *190*

【ハ行】

売春 Prostitution *176*
——婦 Painted woman *61*
パウロ Paul *154*
パダウン族 Padaung *50*
バックラッシュ Badklashes xiv, xv, *15*, *166*, *195*
母親殺し Matricide *4*

母親との重力的な共生関係 Mother's gravitational symbioses *38*
ハロウィン Halloween *13*
反動形成 Reaction formation *24, 26*
美／美しさ Beauty *32, 49-51, 53, 86, 94, 189, 193, 194*
ヒステリー Hysteria *59, 60, 64*
否認 Contraceptives *13*
不安についての新しい理論 New theory about anxiety *75*
復讐法 Talion law; Lex talionis *172*
復活祭 Easter *144*
ブッダ Buddha *116, 154*
普遍的な女性の原理 Universal feminine principle xxiv, *7, 137, 165, 186*
フロイディアン Freudian *90*
フロイト
　エディプス・コンプレックス Oedipus complex *148*
ベツサイダ Bethsaida *120*
ペトロ Peter *120-122*
ペニシリウム・ノタツム Penicillium notatum *135*
ペニシリン Penicillin *134*
ペニス羨望 Penis envy *73, 172*
変形 Transmutation *195*
変質 Transmutation *137*
変容 Metamorphosis *108, 195, 200*
北欧文化 Nordic cultures *35*
母性 Maternity xiv, *2, 6, 11, 24, 70, 109, 172, 178*
ホムンクルス Homunculus *72*
ホモセクシャルだと疑われる不安 Homosexual anxiety *37*
ポルノ Pornography *153*

【マ行】

魔術 Magic *111, 113-116, 123, 132, 133, 137*
魔女 Witch *12, 13*
魔女の鉄槌 Malleus Maleficarum *111, 155*
麻酔 Anesthesia *10*
マスターベーション Masturbation *74, 75, 107, 108, 114, 122, 159, 160*
マゾヒズム Masochism *2-7, 18, 26, 62, 176, 185, 186, 195, 197, 200*
マッチョ Macho xviii, xxi, *36, 87, 168, 179-181, 201*
マリア Virgin Mary *12, 116*
見知らぬ人への不安 Anxiety to strangers *34*
無実を立証されたイヴ Vindicated Eve xxii, xxv, *8, 17, 137, 173, 181, 183, 185, 200*
妄想的不安 Paranoid anxiety *143*
モーセ Moses *116*
モレク Moloch *170*

【ヤ行】

約束の地 Promised land *171*
ユーメニデス Eumenides *72*
ユダヤ教 Judaism *1, 14*
——徒 Jews *144*
ユダヤ人 Jews *170, 171*
ユング派 Jungian *133*
抑圧 Repression *59, 60, 70, 87, 97, 101, 107, 114*
ヨハネ John *121, 169, 170*

【ラ行】

楽園 Paradise *17*
ラテンアメリカ Latin America *36*, *37*, *62*, *86*, *112*, *164*, *176*
ラ・ラビダ修道院 Ravida Convent *116*
リビドー Libido *74*, *75*
両性的世代 Bisexual generation xviii, *179*, *180*
錬金術 Alchemy *76*, *133*, *134*, *136*, *137*
ロマンチシズム Romanticism *113*

● 監訳者紹介

井上果子（いのうえ かこ）

横浜国立大学大学院教授。臨床心理士。

1992年 横浜国立大学教育学部講師、1993年 助教授を経て現職。

著書に、『境界例と自己愛の障害―理解と治療に向けて―』（共著、サイエンス社、1998）、『早期関係性障害』（アーノルド・J・ザメロフ、ロバート・N・エムディ、訳者代表、岩崎学術出版社、2003）、『子どもの心理臨床　関係性を育む』（共編著、建帛社、2005）、「こころの臨床 a la carte」第26巻3号特集「精神療法と心理療法」（共編、星和書店、2007）、『思春期・青年期の臨床心理学』（共編著、培風館、2008）、『パーソナリティ障害　治る人、治らない人』（マイケル・H・ストーン、監訳、星和書店、2010）、『子どものこころの理解と援助　集団力動の視点から』（監修、日本評論社、2013）、など。

● 訳者紹介

飯野晴子（いいの せいこ）

横浜国立大学　教育人間科学部 教育相談・支援総合センター　研究員。
臨床心理士。

担当：イントロダクション・3章・4章・7章・10章・13章・16章

赤木里奈（あかぎ りな）

横浜国立大学　教育人間科学部 教育相談・支援総合センター　研究員。
臨床心理士。

担当：序文・2章・6章・9章・12章・15章・18章

山田一子（やまだ かずこ）

横浜国立大学　理工学部　非常勤講師。臨床心理士。
聖マリアンナ医科大学病院　神経精神科　心理技術員。

担当：イントロダクション・1章・5章・8章・11章・14章・17章

● 著者について

ラファエル・E・ロペス - コルヴォはベネズエラおよびカナダの精神分析協会のトレーニング・アナリストおよびスーパーバイザーである。彼はカナダ・モントリオールにあるマギル大学の元准教授であり、マギル大学ダグラス病院の小児・成人部門のプログラム・ディレクターであった。また、*The International Journal of Psycho-Analysis* の前編集委員であった。彼は精神分析に関するさまざまなトピックスについて英語とスペイン語で本を出版しており、*Self-Envy*、*Therapy and the Divided Inner World*、*The Dictionary of the Work of W. R. Bion*、*Wild Thoughts Searching for a Thinker* を含む17冊の本と多くの論文の著者である。現在、カナダ・トロントに精神分析のプライベートオフィスを構えている。

内なる女性
女性性に関する精神分析的小論

2014年11月1日　初版第1刷発行

著　者　ラファエル・E・ロペス - コルヴォ
監訳者　井上果子
訳　者　飯野晴子　赤木里奈　山田一子
発行者　石澤雄司
発行所　株式会社 星和書店
〒168-0074　東京都杉並区上高井戸1-2-5
電話　03 (3329) 0031（営業部）／(3329) 0033（編集部）
FAX　03 (5374) 7186
URL　http://www.seiwa-pb.co.jp

ISBN978-4-7911-0888-6